미주부와 함께
주식으로 이해하는 어린이 경제

미주부와 함께
주식으로 이해하는 어린이경제

김훈 - 클래스101키즈 지음

부모님께 보여주세요

내 아이에게 가난을 물려주지 마세요

　우리는 어린 시절 제대로 된 경제 교육을 받지 못했습니다. 그저 "나중에 돈 많이 벌고 싶으면 열심히 공부해서 좋은 대학에 가야 한다"라는 말만 들었을 뿐입니다. 내가 일해서 돈을 벌지 않아도 밥을 먹는 동안, 잠을 자는 순간에도 내 돈이 나 대신 돈을 벌 수 있다는 진짜 돈 공부를 받으며 자란 어른은 거의 없습니다.
　그런데 우리는 사는 게 바빠서, 일이 힘들어서라는

이유로 같은 실수를 반복하고 있습니다. 내 아이에게 꼭 필요한 경제 교육을 지나치고 마는 것이죠. 이 작은 생각이 가져오는 결과는 매우 큽니다. 내 아이에게 우리가 겪은 경제적 어려움을 그대로 대물림하기 때문입니다. 그러니 하루라도 빨리 내 아이를 위한 경제 교육, 금융 교육을 시작해야 합니다.

그렇다면 무엇부터 알려 주어야 할까요? 다양한 경제 교육 중에서도 돈의 개념을 이해하고 아이의 금융 호기심을 자극하기 가장 좋은 것은 주식 투자입니다. 먼저 주식의 원리를 깨우치는 과정에서 아이의 경제관념이 바로 서게 됩니다. 또한 내가 직접 일을 하는 것뿐 아니라 내 돈이 일을 해서도 돈을 벌 수 있다는, 돈을 버는 남다른 원리도 깨닫습니다. 아이와 함께 주식을 공부하고 투자를 경험하는 것은 돈에 대한 호기심을 건전하게 해소하도록 돕는 어른의

역할입니다.

그렇다면 어떻게 주식 투자를 가르쳐야 할까요?

먼저 아이에게 이 책《미주부와 함께 주식으로 이해하는 어린이 경제》를 보여주세요. 그다음에는 아이와 충분한 대화를 나눕니다. 어떤 주제라도 좋습니다. 아이가 좋아하는 장난감, 좋아하는 음식 등 무엇이든 좋습니다. 아이가 그것을 왜 좋아하는지 이야기를 나누세요. 그 이유가 충분하다면 아이에게 그 제품 대신 그 회사의 주식을 사준다면 어떨까요?

자신이 알고 있는 회사의 주식을 갖는 것만으로도 아이는 새로운 경제 지식에 눈뜨게 됩니다. 그 회사가 만드는 제품의 장단점은 무엇이며 회사가 돈을 더 많이 벌기 위해서는 어떻게 해야 할지를 생각하기 시작합니다. 그 과정에서 제품, 서비스, 시장, 그리고 기업의 가치와 같은 개념을 거시적인 관점에서 스스로 판단하고 사고하는 능력이 자연스럽게 쌓입니다. 이때 부모는 아이에게 주식 투자는 기업의 성과와 이익, 그리고 비전을 공유하는 것임을 가르쳐 주어야 합니다.

아이가 주식과 돈이라는 경제에 호기심을 보이기 시작했다면 그다음에는 미래를 보는 넓은 시야를 키워줄 차례입니다. 아이에게 어떤 주식을 사줄지 결정하기 전에 "네가 어른이 된 세상은 어떨 것 같니?"라고 물어보세요.

가령 현재 많은 기업이 자율주행 자동차를 개발 중입니다. 아이가 어른이 되면 더 이상 운전자가 필요 없는 무인 자동차의 시대가 펼쳐질 것입니다. 이로 인해 무엇이 바뀔까요? 아빠가 운전할 필요가 없으니 자동차 안에서 게임을 하고 영화도 볼 수 있습니다. 그러면 자연스럽게 미래에는 게임이나 콘텐츠 산업이 더욱 발전할 것이라는 이야기로 넘어가게 됩니다. 이와 관련한 여러 기업 중 어떤 회사가 돈을 더 많이 벌 수 있을지 아이와 생각을 주고받는 것입니다. 이것만으로도 아이는 주식 시장을 바라보는 눈, 기업의 가치를 평가하는 기준, 미래에 가능성 있는 산업을 발굴하는 혜안 등 어마어마한 경제 지식과 금융 지식을 쌓을 수 있습니다. 인공지능 로봇, 우주여행, 코로나와 같은 바이러스 치료, 지구 온난화, 가상현실 등 아이와 함께 이야기할 미래 산업 분야는 다양합니다.

또한 아이는 부모와 함께 주식 투자를 통해 자산이 증식하는 과정을 체험하면서 돈의 가치에 대해 깨우칩니다. 유대인의 지혜서 《탈무드》는 '돈은 버는 게 아니라 불리는 것'이라고 말합니다. 어릴 때부터 돈이 일을 함으로써 돈을 벌 수 있다는 사실을 가르치는 것입니다.

　주식 투자의 핵심은 언제 사고 언제 파느냐가 아닙니다. 성공하는 기업과 산업에 대한 이해, 그리고 나아가 세상에 대한 이해입니다. 경제의 원리를 알아야 주식 투자에 성공할 수 있습니다. 아이가 경제와 금융을 이해하길 원한다면 소액의 투자 경험을 통해 경제에 대한 감각과 금융에 대한 지식을 키워주세요. 반드시 공부하고 깨달아야 하는 경험입니다.

　이 책은 동화 같은 스토리텔링에 섬세한 설명을 더해 한글을 읽을 수 있는 어린이라면 쉽게 이해하고 실생활에 적용할 수 있는 수준으로 주식 투자 원리를 설명합니다. 아이가 책을 모두 읽었다면 아이의 관심사에 관해 이야기 나누며 함께 주식 투자의 첫 발걸음을 내디뎌야 합니다. 아이의 생일이나 명절에는 용돈이나 장난감 대신 아이가 좋아하는 것들을 만드는 회사의 주인이 되는 경험을 선물하기 바랍니다.

아이보다 부모의 경제 공부가 먼저입니다

내 아이를 위한 경제 교육, 금융 교육을 위해서는 먼저 부모가 경제와 금융을 제대로 알아야 합니다. 정보를 얻는 것과 공부하는 것은 전혀 다릅니다. 경제 관련 뉴스를 읽고 유튜브 영상을 보며 공부하고 있다고 생각하는 주식 투자자가 많습니다. 주식은 운이나 감, 귀동냥이 아니라 철저한 공부의 결과입니다. 시간을 투자해 공부한 만큼 돈을 벌 수 있다는 믿음을 갖고 아이보다 먼저 공부해야 합니다.

내 아이는 이제 변화와 위기의 파도가 점점 높아지는 시대를 맞이할 것입니다. 경제 교육은 이런 세상에서 살아남기 위한 생존의 기술입니다. 돈이란 무엇인지, 투자란 무엇인지를 이해하고 자신만의 경제관념을 세운 아이의 인생은 출발선부터 다릅니다.

이 책에서 다룰 '주식'이라는 주제는 돈을 벌기 위한 목적이 아닙니다. 앞으로 아이가 살아갈 세상에서 경제라는 것이 어떻게 돌아가는지 그 흐름을 이해하기 위한 이정표입니다. 주식 투자 방법을 가르쳐주기보다 주식을 이해하는 과정에서 돈의 흐름과 기업의 가치, 산업을 평가하는 감각을 심어 주고자 합니다. 그러니 아이의 미래를 위해 함께 경제 공부를 시작해 주세요.

이 책이 여러분의 아이에게 경제관념과 금융 감각이라는 소중한 유산을 남겨줄 수 있는 첫걸음이 되기를 바랍니다.

미주부 김훈

부자를 꿈꾸는 어린이 여러분

안녕하세요. 미주부 아저씨예요. 저는 돈을 버는 방법을 공부하는 사람이랍니다.

여러분, 돈이란 무엇일까요?

돈이 있으면 장난감도 살 수 있고, 맛있는 것도 먹을 수 있습니다. 우리가 쓰는 돈은 엄마, 아빠가 나를 위해 번 것입니다.

그렇다면 돈은 어떻게 벌 수 있을까요?

이 세상에는 돈을 버는 세 가지 방법이 있습니다.

하나, 회사에서 일을 하며 돈을 버는 것입니다. 이렇게 번 돈을 '근로소득'이라고 합니다.

둘, 내가 직접 회사를 만들고 사장이 되어 돈을 버는 것입니다. 이렇게 번 돈을 '사업소득'이라고 합니다.

셋, 내 돈이 일을 해서 돈을 버는 것입니다. 앞의 두 가지 방법은 내 몸이 일을 해야 돈을 벌 수 있는데, 이 방법은 내가 직접 일하지 않아도 돈을 벌 수 있습니다. 나 대신 내 돈이 일하기 때문이죠. 이 책에서는 바로 이 방법에 대해 알아볼 거예요.

여러분은 부모님이나 할머니, 할아버지에게서 이런 말을 들어 본 적 있나요?

"좋은 대학에 가야 나중에 돈을 많이 벌 수 있어. 그러니까 공부 열심히 해."

어른들의 말처럼 좋은 대학을 나와서 멋진 직업을 갖게 되면 돈을 많이 벌 수 있을 거예요. 하지만 내 몸이 아파서 일을 하지 못한다면 어떻게 될까요? 그 동안에는 돈을 벌 수 없어요. 그런데 내 돈이 일하게 만든다면 몸이 아파서 일할 수 없는 시간에도 돈을 벌 수 있게 된답니다.

돈은 우리가 살아가는 데 꼭 필요한 것입니다. 이렇게 중요한 돈이 무엇인지, 돈은 어떻게 움직이는지, 그리고 내 돈이 일해서 돈을 버는 방법을 알 수 있다면 여러분이 어른이 되었을 때 더 행복하고 신나게 살 수 있을 거예요. 그 돈으로 좋아하는 것을 할 수 있으니까요. 그럼 지금부터 미주부 아저씨와 함께 그 방법을 알아볼까요?

머리말

부모님께 보여주세요 ◦ 4
부자를 꿈꾸는 어린이 여러분 ◦ 12

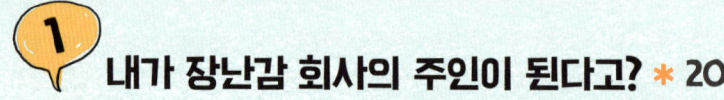

1 내가 장난감 회사의 주인이 된다고? * 20

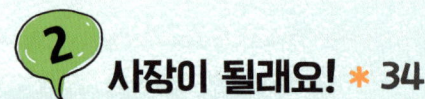

2 사장이 될래요! * 34

| 미주부와 함께하는 경제 공부 | 회사란 무엇일까요? ◦ 40 |
| 활동으로 이해하는 경제 공부 | 내가 좋아하는 것들의 회사 알아보기! ◦ 46 |

3 행복이 빵빵 * 50

- 미주부와 함께하는 경제 공부 — 사장은 무슨 일을 할까요? ⊙ 58
- 활동으로 이해하는 경제 공부 — 내가 사장이 된다면? ⊙ 64

4 '행복이 빵빵' 주식을 팝니다! * 68

- 미주부와 함께하는 경제 공부 — 주식이란 무엇일까요? ⊙ 82
- 활동으로 이해하는 경제 공부 — 주식 시장에서 내가 좋아하는 회사 찾기 ⊙ 86
- 퀴즈를 풀어요 ⊙ 88

5 나는 주주입니다! * 92

- 미주부와 함께하는 경제 공부 — 주주는 무슨 일을 할까요? ⊙ 100
- 퀴즈를 풀어요 ⊙ 105

6 '행복이 빵빵'이 돈을 많이 벌었어요! * 110

미주부와 함께하는 경제 공부 배당금은 무엇일까요? ⊙ 116

퀴즈를 풀어요 ⊙ 122

7 '행복이 빵빵' 주식 가격이 달라졌어요! * 124

미주부와 함께하는 경제 공부 주식 가격은 왜 바뀌는 걸까요? ⊙ 136

활동으로 이해하는 경제 공부 달라지는 주식 가격의 이유 알기 ⊙ 142

퀴즈를 풀어요 ⊙ 146

8 우리도 주식을 사볼까? * 150

미주부와 함께하는 경제 공부 주식을 사고 싶은 회사를 공부해요 ⊙ 164

활동으로 이해하는 경제 공부 내가 좋아하는 상품에 대해 더 알아봐요 ⊙ 167

9 회사를 알아보고 투자해요! * 170

미주부와 함께하는 경제 공부   시가 총액이란 무엇인가요? ⊙ 180

10 통장을 만들어요 * 184

미주부와 함께하는 경제 공부   통장은 몇 개나 필요할까요? ⊙ 194

활동으로 이해하는 경제 공부   통장 관리하기 ⊙ 198

11 예비 주주가 되었어요! * 200

1

내가 장난감 회사의 주인이 된다고?

"빨간색 위에 파란색 올리고, 파란색 위에 노란색 올리고. 이번에는 어떤 색깔을 올릴까?"

누군가 혼자서 블록을 쌓고 있다. 하나, 둘, 셋…… 열 개가 넘는 블록이 차곡차곡 올라가는 중이다.

"안녕, 태호야. 뭐 해?"

블록을 점점 더 높이 쌓는 데 집중한 태호는 아린이가 온 것도 눈치채지 못한 모양이다. 아린이는 블록 놀이에 빠져 있는 태호를 보면서 씨익 웃었다. 재미있는 생각이 떠올랐기 때문이다. 살금살금 태호의 등 뒤로 다가가 "왁!" 하며 큰 소리를 냈다.

"으아악!"

깜짝 놀란 태호가 소리를 지르며 뒤로 넘어졌다. 그런데 혼자만 넘어진 게 아니라, 태호가 쌓아 올린 블록도 같이 와르르 무너지고 말았다.

"어머, 태호야 미안해. 블록이 무너질 줄 몰랐어. 난 그냥 조금 놀라게 해주려고 한 건데."

바닥에 쏟아진 블록을 바라보던 태호가 어쩔 수 없다는 표정으로 대답했다.

"아, 아니야. 괜찮아."

그런데 태호의 블록을 바라보는 아린이의 눈이 반짝거렸다.

"어? 그런데 이거 혹시 튼튼 블록이야? 요즘 친구

들 사이에서 제일 인기 있는 장난감인데. 우와, 게다가 우리나라에서만 살 수 있는 한정판이잖아!"

"잘 아는구나. 할머니가 생일 선물로 사주신 거야."

태호는 아린이에게 블록을 보여주며 자랑스럽다는 듯이 말했다. 아린이의 표정에는 부러움이 가득했다.

"나도 생일에 튼튼 블록이 갖고 싶다고 말했는데, 우리 할머니는 튼튼 블록이 너무 비싸대. 그래서 블록 대신 과자를 사주셨어. 태호 넌 정말 좋겠다."

"그럼 너는 튼튼 블록을 살 수 없는 거야?"

"아니, 엄마와 한 약속을 지키면 나도 튼튼 블록을 살 수 있어."

"약속? 무슨 약속인데?"

약속이라는 말에 태호가 무척 궁금하다는 표정을 지었다.

"매일 아침 약속한 시각에 일어나고, 혼자서 시계

를 볼 수 있게 되면 엄마가 튼튼 블록을 사주기로 했거든. 그런데 아침에 일찍 일어나는 게 너무 힘들어. 이러다가 튼튼 블록을 영원히 사지 못할 것 같아, 으앙!"

울먹이는 아린이를 보던 태호가 좋은 생각이 떠올랐다며 손뼉을 쳤다.

"걱정하지 마, 아린아. 이번 설날에 받은 세뱃돈으로 튼튼 블록을 사면 되잖아."

얼마 전 아린이는 태호에게 세뱃돈을 듬뿍 받았다며 자랑했다. 그때 아린이의 지갑 속에는 세뱃돈이 가득했다. 그런데 태호의 말을 들은 아린이의 표정은 여전히 밝지 않았다.

"하나, 둘, 셋, 넷. 어제 세뱃돈으로 다른 장난감을 샀거든. 그래서 남은 돈은 이것뿐이야. 이걸로는 튼튼 블록을 살 수 없어. 내 소원은 돈이 더 많이 생기는 거야. 그런데 어린이는 돈을 벌 수 없잖아. 나도 튼튼 블록 갖고 싶다고!"

지갑에서 남은 돈을 꺼내 세어보던 아린이는 한숨을 쉬더니 튼튼 블록을 갖고 싶다고 외쳤다. 그때였다. 두 사람 앞에 누군가가 나타났다.

"얘들아, 안녕! 그런데 너희 무슨 일이 있는 거니? 저 멀리까지 아린이 목소리가 들려서 달려왔어."

헐레벌떡 뛰어온 사람은 바로 '미주부' 아저씨. 우리의 고민을 항상 시원하게 해결해 주는 멋지고 똑똑한 사람이다.

"아저씨, 안녕하세요. 그게……. 아린이가 튼튼 블록이 너무 갖고 싶은데 돈이 부족해서 살 수 없대요."

"튼튼 블록? 아린이는 다른 장난감이 많잖아. 어제도 세뱃돈으로 장난감을 샀다면서. 그런데도 튼튼 블록이 또 갖고 싶은 거니?"

아린이는 한숨을 쉬며 미주부 아저씨가 잘 모른다는 듯 검지를 흔들었다.

"에이, 튼튼 블록은 다른 장난감과 달라요. 이것만 있으면 뭐든지 다 만들 수 있다고요. 그래서 인기가 엄청나요. 아마 우리 반 애들 중에 튼튼 블록이 없는 사람은 나뿐일 거예요. 요즘은 텔레비전만 틀면 튼튼 블록 광고가 나오는걸요."

"그래? 튼튼 블록이 그렇게나 인기가 많단 말이지? 그럼 이걸 만든 사람은 아주 큰 부자가 되었겠는걸."

아저씨의 이야기를 들은 태호가 고개를 끄덕이며 말했다.

"맞아, 엄청난 부자일 거야. 튼튼 블록도 많이 가지고 있겠지?"

"응, 돈이 너무 많아서 다른 장난감도 다 살 수 있

을 걸."

 아린이는 태호의 튼튼 블록을 보면서 또다시 부럽다는 표정을 지었다. 튼튼 블록이 정말 갖고 싶은가 보다.

 "흐음, 아린아. 튼튼 블록의 인기가 그렇게 어마어마하다면 장난감 대신 그 장난감을 만드는 회사를 사는 건 어때?"

 "네에? 장난감 회사를 산다고요?"

 이게 무슨 말도 안 되는 이야기일까? 깜짝 놀라 눈이 휘둥그레진 아린이는 미주부 아저씨와 지갑 속 돈을 번갈아 쳐다보았다. 아무리 생각해도 지금 가진 돈으로는 장난감 회사는커녕 장난감도 살 수 없기 때문이다.

 "에이, 아저씨. 아린이가 어떻게 장난감 회사를 사요."

태호가 코웃음을 치며 고개를 가로저었다. 그런 태호를 보자 아린이는 '나도 무언가 보여주고 말겠어'라고 생각했다.

"아니야, 아저씨 말대로 튼튼 블록 회사를 사버리는 게 좋겠어. 지금부터 열심히 돈을 모을 거야!"

"아린아, 어느 세월에 돈을 모아서 회사를 산다는 거야. 원한다면 지금이라도 튼튼 블록 회사의 주인이 될 수 있어."

아저씨의 말에 태호가 믿을 수 없다는 표정으로 소리쳤다.

"미주부 아저씨는 부자예요? 아린이는 장난감 살 돈도 없는데 어떻게 회사를 사요?"

"맞아요. 저는 지금 튼튼 블록도 못사는걸요."

"부자가 아니어도 회사의 주인이 되는 방법이 있어."

"그게 뭔데요?"

깜짝 놀란 태호와 아린이의 눈이 커졌다.

"주식을 사는 거야."

"주식?"

"그게 뭐예요?"

주식이라는 말은 태어나 처음 듣는 태호와 아린이었다. 대체 주식이 무엇이기에 그것을 사면 회사의 주인이 될 수 있다는 걸까? 궁금해하는 표정의 두 사람을 보며 미주부 아저씨가 말을 이어갔다.

"주식을 산다는 건 내가 그 회사의 주인이 된다는 것과 같아. 내가 주식을 사면 회사는 나를 위해 일하게 되지."

"회사가 나를 위해 일을 한다고요?"

"그럼, 아린이가 튼튼 블록 회사의 주식을 사면, 아린이는 튼튼 블록 회사의 주인이 된단다. 그리고 튼튼 블록을 사는 친구들이 많아질수록 회사는 돈을 더 많이 벌 수 있어. 그러면 회사의 주식을 가진 아린이도 덩달아 돈을 벌게 되지. 그 돈이 모이고 또 모이면 아린이는 튼튼 블록뿐 아니라 더 많은 장난감을 살 수 있게 되는 거야!"

대체 주식이 무엇이기에 돈을 벌 수 있게 해준다는 것일까? 아린이는 잘 이해가 되지 않았지만 주식의 정체를 파헤쳐 보고 싶어졌다.

"친구들이 튼튼 블록을 살 때마다 내가 돈을 벌 수 있다고요? 그럼 어린이인 나도 어른들처럼 돈을 벌 수 있는 거네요!"

"물론이지. 잘 때도, 밥을 먹을 때도, 친구들이랑 놀 때도 돈을 벌 수 있어. 아린이가 튼튼 블록 회사의 주식을 가지고 있다면 일을 하지 않아도 회사가 대신 아린이의 돈을 벌어주기 위해 일할 거야. 어때,

신기하지?"

옆에서 가만히 듣고 있던 태호가 참지 못하고 끼어들었다.

"그렇게 좋은 게 있다니! 아저씨, 왜 그걸 이제야 알려주는 거예요. 나도 주식 사고 싶어요. 어떻게 해야 주식을 살 수 있는 거죠? 돈 많이 벌어서 더 많은 장난감을 갖고 싶단 말이에요."

"나도요! 장난감 회사를 사서 주인이 되는 법을 알려줘요. 태호 것보다 더 크고 좋은 튼튼 블록을 사고 말 거예요."

아이들은 미주부에게 매달려 주식을 사는 방법을 알려달라고 소리쳤다.

"얘들아, 진정해. 아저씨가 지금부터 주식으로 어떻게 돈을 벌 수 있는지 알려줄게. 그럼 먼저 주현이라는 친구의 이야기를 함께 보면서 회사가 무엇을 하는 곳인지 알아보자."

"네, 좋아요! 빨리 들려주세요."

지금부터 다 함께
신나는 경제 공부를 하러 출발!

사장이 될래요!

 "안녕. 나는 주현이라고 해. 나는 세상에서 빵이 제일 좋아. 식빵, 꽈배기, 케이크, 크림빵, 와플, 샌드위치, 도넛……. 세상에는 맛있는 빵이 정말 많은 것 같아. 흠, 나는 빵 냄새만 맡아도 가슴이 콩닥콩닥 설레지."

 주현이는 매일 어떻게 하면 빵을 더 맛있게 먹을 수 있을지 고민한다. 새로운 방법으로 만든 맛있는 빵을 먹는 것은 주현이가 제일 좋아하는 소중한 시간이다.

"오늘도 색다른 빵을 만들어 볼까? 노릇노릇하게 구운 식빵에 달콤한 딸기잼을 바르고, 고소한 치즈를 올리면? 간단하지만 맛있는 샌드위치 완성!"

샌드위치를 한 입 먹으니 '맛있다'라는 말이 저절로 나온다. 주현이는 친구들에게 인기가 많다. 모두 주현이가 만든 빵을 좋아하기 때문이다.

주현이가 빵을 싸올 때마다 친구들은 주현이 주변으로 몰려든다. 직접 만든 빵을 친구들에게 조금씩 나눠주는데 너도 나도 맛있다며 한 입씩 먹는 바람에 주현이 몫은 조금밖에 남지 않는다. 하루, 이틀…… 시간이 지날수록 주현이의 빵을 맛보겠다며 찾아오는 친구들이 늘었다.

"내가 만든 빵을 친구들이 맛있게 먹으니 기분이 너무 좋은걸. 맛있는 음식을 나눠 먹는 건 정말 행복한 일이야. 그런데 내가 먹을 양만 만들다 보니 친구들에게 조금씩만 나눠줘야 하네."

머리를 쥐어짜며 고민에 빠진 주현이는 큰 결심을 했다.

"좋아, 이제부터 친구들과 나눠 먹을 만큼 빵을 많이 만드는 거야!"

주현이가 빵을 더 많이 만들자 친구들도 더 많이 찾아왔다. 커다란 그릇에 빵을 가득 담아왔지만 친구들이 하나둘씩 빵을 가져가자 어느새 그릇이 텅 비어 버리고 말았다. 주현이의 친구, 친구의 친구, 그 친구의 친구들까지 정말 많은 사람들이 주현이의 빵을 먹어보고 싶어 했다. 주현이가 빈 그릇을 내려놓으며 말했다.

"이렇게 많은 사람들이 내 빵을 먹고 싶어 하다니. 이 기회에 맛있는 빵을 더 많이 만들고 싶은데. 그러려면 돈이 필요해. 무얼 해야 돈을 벌 수 있을까?"

한참을 고민한 주현이가 벌떡 일어섰다.

"그래, 회사를 만들자!"

더 많은 사람들이 빵을 즐길 수 있도록 주현이는 회사를 차리기로 결심했다.

회사란 무엇일까요?

주현이가 맛있는 빵을 더 많이 만들려면 돈이 필요해요. 그래서 회사를 차리기로 결심했어요. 돈을 벌어서 더 많은 사람들이 주현이의 빵을 먹어 볼 수 있도록 말이에요.

그런데 회사란 무엇일까요?

우리는 매일 옷을 입고, 맛있는 음식을 먹어요. 또 스마트폰으로 게임도 하고 먼 곳에 가야 할 때는 버스나 자동차를 타요. 친구들과 새로 나온 장난감을 가지고 놀기도 하고 엄마와 함께 마트에서 장을 보기도 하죠.

이렇게 우리가 살아가는 데는 많은 것들이 필요해요. 회사는 사람들이 필요로 하는 물건을 만들어 파는 곳이에요. 스마트폰을 만드는 삼성전자와 애플, 다양한 자동차를 만드는 현대차와 기아, 라면부터 과자와 아이스크림, 각종 소스 등을 만드는 오뚜기와 농심은 모두 회사예요. 그리고 동네에서 볼 수 있는 편의점이나 떡볶이를 파는 가게, 미용실, 부모님이 좋아하는 커피를 파는 카페, 빵집 등도 우리에게 필요한 물건을 만들어 파는 곳이므로 회사라고 할 수 있어요. 이 세상에는 셀 수 없을 만큼 많은 회사가 있답니다.

떡볶이 가게나 카페 같은 작은 크기의 회사는 혼자 힘으로도 일을 해 나갈 수 있어요. 하지만 회사에서 만든 물건을 원하는 사람이 많아진다면 어떻게 될까요? 회사의 크기가 점점 커질 거예요. 혼자서는 많은 물건을 만들고 팔 수 없으니 같이 일할 직원이 필요하게 되죠. 그리고 자동차나 스마트폰 같은 커다랗고 복잡한 물건은 혼자서는 만들 수 없어요. 많은 사람들의 생각을 모아야 더 좋은 물건을 만들 수 있죠.

크고 작은 여러 회사가 다양한 물건을 만들면 우리는 돈을 주고 그것을 사요. 회사는 이렇게 물건을 팔아서 돈을 번답니다. 그 돈은 회사에서 일하는 사람들에게 나눠줍니다. 여러분의 부모님이 돈을 버는 것은 모두 회사에서 열심히 일한 결과랍니다.

모두 회사에서 만든답니다

 우리가 필요한 물건을 만들고, 그것을 팔아서 돈을 버는 곳. 그게 바로 회사입니다. 앞의 이야기에서 주현이는 자신이 만든 빵을 더 많은 사람들이 먹을 수 있도록 회사를 차리기로 결심했어요. 그렇다면 주현이는 무엇을 만들어서 팔게 될까요? 함께 생각해 보아요.

**주현이의 회사는 무엇을 팔아서
돈을 벌 수 있을까요?**

1. 직접 맛있는 빵을 만들어서 판다.
2. 빵을 맛있게 만드는 비법을 알려주는 요리책을 판다.
3. 빵 만드는 방법을 알려주는 수업을 들을 수 있는 티켓을 판다.

회사를 만들어서 돈을 벌려면 많은 사람들이 주현이가 만든 것을 사야 합니다. 그러기 위해서 주현이는 사람들이 원하는 것을 만들어야 합니다.

여러분이 주현이라면
어떤 회사를 차리고 싶은가요?
그리고 무엇을 팔아야
사람들이 사고 싶어 할까요?

내가 좋아하는 것들의
회사 알아보기!

내가 좋아하는
과자

내가 좋아하는
게임

내가 좋아하는
장난감

여러분이 좋아하는 것들을 떠올려 보아요. 그리고 그것을 만든 회사를 찾아보아요.

미주부 아저씨는 '상하목장 유기농 주스'를 좋아해요. 이 주스는 어떤 회사에서 만들었을까요? 주스를 잘 살펴보면 회사의 이름을 찾을 수 있어요. '매일유업'이라고 쓰여 있네요. 내가 좋아하는 주스는 '매일유업' 회사에서 만들었나 봐요.

지금부터는 여러분이 좋아하는 물건을 고르고 그것을 만드는 회사 이름을 찾아보아요. 만약 아무리 둘러 봐도 회사 이름이 보이지 않는다면 물건의 이름을 인터넷에서 검색해 회사 이름을 찾아볼 수도 있어요.

사장이 될래요!

내가 좋아하는 과자나 물건을 떠올려 보세요.
그리고 그 물건은 어떤 회사에서 만들어졌는지 찾아 써 보세요.

내가 좋아하는 것

상하목장 유기농 주스

사장이 될래요!

회사 이름

매일유업: 주스, 우유, 치즈도 만든다

Tip 물건을 잘 살펴보면 회사 이름이 쓰여 있어요!

행복이 빵빵!

주현이는 맛있는 빵을 직접 만들고 파는 회사를 차리기로 결정했다.

주현이가 가장 자신 있는 것은 나만의 비법을 담은 달콤하고 부드러운 빵이었기 때문이다. 고소한 냄새를 풍기는 주현이의 빵은 학교에서 늘 최고의 인기였다. 그 맛을 담은 빵을 그대로 만든다면 많은 손님들이 빵을 먹기 위해 찾아올 거라 생각했다.

'만일 내가 만든 빵이 인기가 많아지면 큰돈을 벌

겠지? 그렇게 되면 돈이 없는 배고픈 어린이들에게 내가 만든 빵을 공짜로 나눠줘야지.'

이런 멋진 생각을 하며 주현이는 드디어 회사를 만들었다. 사장이 된 주현이의 어깨가 으쓱해졌다.

"와, 내가 사장이라니. 나는 내 회사를 아주 멋진 곳으로 만들 거야! 이제부터 우리 회사에서 만든 빵을 맛있게 먹을 손님들을 생각하니 힘이 불끈불끈 솟아나는걸."

소매를 걷어붙이는 주현이는 지금 당장이라도 빵을 만들고 싶을 만큼 의욕이 넘쳤다.

"이미 회사 이름도 결정했으니 하루라도 빨리 빵을 구워야겠어."

주현이는 며칠을 고민한 끝에 회사 이름을 지었다. 바로 '행복이 빵빵'이다. 먹으면 행복해져서 웃음이 빵빵 터지는 빵을 만들겠다는 의지를 담아서 만들었

행복이 빵빵

다. 주현이의 친구들도, 가족들도 모두 멋진 이름이라며 칭찬했다.

근사한 회사 이름도 지었으니 이제는 맛있는 빵을 만드는 일만 남았다. 사람들에게 팔 빵을 만들려면 무엇이 필요할까? 주현이의 생각 주머니가 점점 커졌다.

'먼저 무슨 빵을 만들지 고민해 보자. 샌드위치도 좋고, 도넛도 괜찮겠어. 그다음에는 재료를 사 오고 빵을 만들어야겠지. 맛있게 구운 빵을 포장하고 사람들에게 팔아야 돈을 벌 수 있는데……'

여기까지 생각하다 보니 주현이의 생각 주머니는 터지기 일보 직전까지 한껏 부풀어 올랐다.

"나 혼자 먹을 빵을 만드는 것과 사람들에게 팔기 위한 빵을 만드는 것은 너무도 달라. 재료도 훨씬 많이 필요하고, 그 많은 빵을 나 혼자서는 도저히 만들 수 없겠어. 함께 빵을 굽고 손님들에게 팔 직원이 필요해. 그리고 직원과 함께 일할 공간도 찾아야겠어."

　회사를 차리고 사장이 된다는 것은 생각보다 어렵고 복잡한 일이었다. 회사 이름을 짓는 것부터 재료를 사고, 빵을 만들어 파는 것까지. 주현이가 해야 할 일이 너무 많았다. 주현이는 먼저 사야 할 것들을 정리하기로 했다.

　"빵을 만들려면 밀가루가 필요하고 우유와 계란도 사야 해. 내가 가진 그릇과 도구는 많은 양을 만들기에 부족하니 더 커다란 오븐도 필요한데. 어디 보자……. 지금 당장 '행복이 빵빵' 회사를 시작하려면 적어도 100만 원은 있어야겠는걸."

　회사를 시작하는 데 많은 돈이 필요하다는 사실을 깨달은 주현이는 고민에 빠졌다. 주현이는 그동안 차곡차곡 모아놓은 비상금을 사용하기로 했다. 책상 서랍에서 저금통을 꺼냈다. 그동안 받은 용돈과 세뱃

돈, 그리고 심부름을 하고 받은 돈을 아껴서 모은 비상금이었다.

"하나, 둘, 셋, 넷……. 내가 가진 비상금은 50만 원밖에 안 되네. 돈이 많이 부족한데 어떻게 하지?"

비상금을 세어보니 돈이 모자라다. '행복이 빵빵' 회사를 시작하는 데 필요한 돈은 100만 원인데 저금통에는 그 절반인 50만 원이 들어 있다. 과연 주현이는 부족한 50만 원을 구할 수 있을까?

사장은 무슨 일을 할까요?

주현이는 드디어 '행복이 빵빵'이라는 회사를 차리고 사장이 되었습니다. 과연 사장이란 무엇이며 회사에서 어떤 일을 할까요? 미주부 아저씨와 함께 이야기해 보아요.

사장은 회사를 대표하는 사람입니다. 또한 회사에서 어떤 일을 할지 결정하는 사람입니다. 그래서 사장을 다른 말로 '대표이사', '시이오(CEO: 최고 의사 결정 권자)'라고도 합니다.

사장은 누구와 함께 일을 할지, 어떤 물건을 만들면 좋을지, 어떻게 하면 물건을 많이 팔 수 있을지, 물건을 팔아 생긴 돈을 어디에 사용할지 등을 결정합니다. 회사를 꾸려 나가는 데 가장 중요한 결정권을 가진 사람이지요.

사장의 선택에 따라 회사는 돈을 많이 벌 수도 있고, 돈을 벌지 못할 수도 있어요. 그렇기 때문에 어떤 회사를 만들고 싶은지 목표를 잘 정해야 합니다. 그리고 그 목표를 이루는 데 필요한 다양한 계획을 세워야 하죠. 그다음에는 계획을 실천하기 위해 노력해야 합니다. 만약 사장이 제대로 목표를 정하지 못하고 잘못된 결정을 하면 회사에 큰 피해가 생길 수 있습니다. 그때 사장은 자신의 선택에 대한 책임을 져야 합니다. 따라서 사장은 회사에서 가장 커다란 힘과 가장 커다란 책임을 모두 맡고 있는 사람이라고 할 수 있어요.

 사장이 되어 올바른 선택을 하려면 어떤 능력이 필요할까요? 회사를 꾸려 나가는 사람이니까 일을 잘 관리하고 처리하는 능력이 필요해요. 이를 '경영' 능력이라고 말해요. 그리고 함께 일할 직원을 뽑고 이끌어 나가야 해요. 그러려면 직원들의 성격과 재능이 무엇인지 파악해 부족한 부분은 알려주고, 잘하는 것은 더 잘할 수 있도록 실력을 키워 주는 능력이 필요하답니다. 이를 '리더십'이라고 합니다.

 또 좋은 물건을 만들어 회사가 돈을 많이 벌 수 있도록 고민해야 합니다. 먼저 사람들이 어떤 물건을

수요 공급 시장성

필요로 하는지 알아보는 것입니다. 이를 가리켜 '수요'라고 말합니다. 수요가 충분하다면 그에 맞는 물건을 만들어야 하죠. 이때 물건을 얼마나 만들어야 할지 결정하는데, 이를 '공급'이라고 합니다. 그리고 만든 물건을 어떻게 해야 더 많이 팔 수 있을지도 생각해야 한답니다. 물건이 잘 팔린다면 '시장성'이 높다고 말하며, 잘 팔리지 않을 때에는 '시장성'이 낮다고 말합니다.

이렇게 사장은 단순히 회사를 차리고 대표하는 사람이 아닙니다. 많은 것을 생각하고 결정하며 책임을 지는 어려운 일을 하는 사람입니다.

그럼 여기서 퀴즈를 하나 내볼까요?

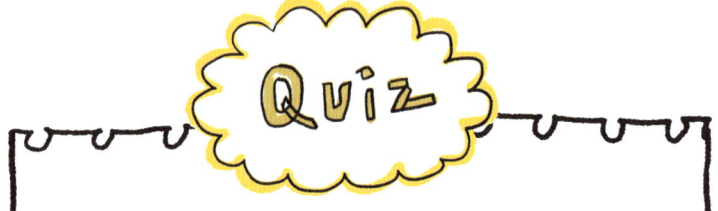

다음의 세 명 중
'달콤 회사'의 사장은 누구일까요?

1. 달콤 회사의 아이스크림만 사 먹는 준이
2. 달콤 회사의 아이스크림 광고에 출연하는 가수 샐리
3. 10년 전 아이스크림을 만드는 달콤 회사를 세우고 회사를 경영하는 산이

달콤 회사의 사장은 바로 3번 '산이'입니다. 1번 준이는 달콤 회사의 고객이고, 2번 샐리는 달콤 회사의 광고 모델입니다.

회사는 사람들이 필요로 하는 물건을 만들어 파는 곳입니다. 사장은 그런 회사를 관리하고 운영하는 사람이죠.

산이는 10년 전 달콤 회사를 만들었고, 오랜 시간 동안 꾸려 나가고 있어요. 산이의 회사는 아이스크림을 만들고, 사람들은 더운 여름을 시원하게 보낼 수 있는 아이스크림을 사서 맛있게 먹어요. 덕분에 달콤 회사는 10년 동안 돈을 벌 수 있었답니다.

이제 사장이 무슨 일을 하는 사람인지 조금은 알게 되었나요?

내가 사장이 된다면?

여러분도 주현이처럼 사장이 되고 싶지는 않은가요? 그렇다면 무엇을 만들어서 팔고 싶나요. 회사를 만들려면 멋진 이름도 정해야겠죠. 만들고 싶은 물건과 마음에 드는 회사 이름을 정해 볼까요.

그리고 함께 일하고 싶은 사람들의 이름도 적어 보아요. 친구들이든, 가족이든 누구라도 좋아요.

마지막으로 멋진 로고도 만들어요. 주변에서 볼 수 있는 회사의 로고를 찾아보고 힌트를 얻을 수도 있어요. 지금부터 함께 멋진 나만의 회사를 만들어 보아요.

나만의 회사 만들기

질문에 따라 빈칸을 채워 보세요.

무엇을 팔고 싶나요?

회사의 이름을 정해 보세요.

같이 일하고 싶은 사람은 누구인가요?

나만의 회사 로고를 자유롭게 그려 보세요.

행복이 빵빵

주식을 팝니다!

 '행복이 빵빵' 회사의 사장이 되기로 결심한 주현이. 그런데 고민이 끊이지 않는다. 회사를 차릴 돈이 부족하다. 그동안 모은 비상금 말고도 50만 원이나 더 필요하다. 과연 주현이는 돈을 구해 무사히 회사를 차릴 수 있을까?

 '회사를 차리는 데 이렇게 돈이 많이 들다니. 내가 돈이 많은 부자였다면 아무 걱정 없이 '행복이 빵빵'을 만들고 운영할 수 있을 텐데. 지금 당장 빵을 구울 수 있는 장소를 구해야 하고, 빵을 만드는 데 필요한 물건도 사야 하는데……. 내가 가진 돈은 50만 원뿐이야. 돈을 구하지 못하면 회사를 차릴 수 없어. 거기다 함께 일할 직원도 찾아야 해. 어쩌지?'

주현이는 돈을 빌리기 위해 여기저기 방법을 알아보았다.

'가진 물건을 팔아 볼까?'

'아니면 친구들에게 빌려 볼까?'

하지만 친구들 모두 그렇게 큰돈은 없다고 말했다. 돈을 구할 방법을 찾지 못한 주현이는 고민 끝에 은행을 찾아가 보기로 했다. 은행에서 50만 원을 빌릴 수 있다면 금세 빵을 만들어 팔고, 빵을 판 돈을 모아 갚으면 되니까.

"안녕하세요. 오늘 주현님의 상담을 도와드릴 클래스 은행 상담원 미주부입니다."

"네, 안녕하세요. 저는 돈을 빌리고 싶어서 은행에 왔어요."

"그렇군요. 혹시 돈을 빌려서 어디에 사용하실 건가요?"

"회사를 차리고 싶어요. '행복이 빵빵'이라는 회사에서 빵을 만들어서 팔 생각이랍니다. 그런데 제가 가진 돈이 부족해요."

"얼마나 필요하죠?"

"회사에 필요한 돈이 100만 원인데, 제가 가진 돈은 50만 원이 전부예요. 그래서 50만 원을 빌리고 싶어요."

주현이의 말을 들은 미주부 상담원은 잠시 생각에 빠졌다. 그리고 좋은 생각이 났다는 듯 환한 미소를 지으며 말했다.

"주현님, 은행에서 돈을 빌리는 것 말고도 50만 원

을 구할 수 있는 방법이 있답니다. 알고 싶지 않나요?"

"다른 방법이요? 대체 그게 뭔가요? 알려주세요!"

미주부 상담원은 주현이 앞에 놓인 종이에 커다랗게 두 글자를 적었다. '주식'이었다. 그리고 주현이에게 말했다.

"이 글자를 크게 소리 내어 읽어 보세요."

"주식?"

"네, 맞아요. 주식. 돈을 마련하는 방법은 은행에서 빌리는 것 말고도 여러 가지가 있어요. 그래서 오늘 주현님에게는 주식으로 돈을 모으는 방법을 알려주려고 해요."

미주부 상담원의 말을 들은 주현이의 표정이 아리송했다.

"대체 주식이 뭔가요? 저는 처음 듣는 말이에요."

"회사에서 필요한 돈을 마련하기 위해 사람들에게 돈을 받고 주식이라는 것을 팔 수 있어요. 주현님도 '행복이 빵빵'의 주식을 팔아 부족한 돈을 마련해 보는 것은 어떤가요?"

"회사는 사람들이 필요로 하는 물건을 만들어서 파는 곳이잖아요. 저는 '행복이 빵빵'에서 빵을 만들어서 팔고 싶어요. 그런데 왜 빵이 아니라 주식을 팔라고 하는 거죠?"

"주현님 말이 맞아요. 회사는 물건을 팔아 돈을 벌지요. 그런데 물건만 파는 것은 아니에요. 이렇게 번 돈의 일부를 나눠 주겠다는 약속을 하고, 사람들에게 이 약속을 돈을 주고 팔기도 해요. 주식은 그 약속을 적은 종이랍니다."

상담원의 말을 듣는 주현이의 눈이 점점 커졌다.

"약속을 팔아 회사에 필요한 돈을 모으는 거군요! 그게 바로 주식이고요!"

"맞아요. 회사를 차리려면 돈이 필요하죠. 그래서 사람들에게 '나중에 회사가 돈을 벌면 일부를 나눠 줄게요'라는 약속을 하고 필요한 돈을 마련하는 거예요. 약속을 적은 종이가 바로 주식인데 다른 말로 증권이라고도 해요. 회사는 주식을 팔아 돈을 모을 수 있답니다."

"약속을 팔 수 있다니! 회사를 차리기 위해 돈을 빌려야 하는 나에게 꼭 필요한 방법이네요. 이런 게 있는 줄은 정말 몰랐어요."

상담원과 이야기를 나눌수록 주현이의 궁금증은 늘어만 갔다. 주현이는 쉴 새 없이 질문을 퍼부었다.

"그럼 주식은 어디에서 팔 수 있나요? 내가 차린 회사 '행복이 빵빵'의 주식을 팔고 싶어요."

"주식 시장에서 팔 수 있어요."

"주식…… 시장?"

고민하다가 번뜻 생각난 듯 주현이가 목소리를 높였다.

"아하! 우리가 우유나 고기를 살 때 가는 시장을 말하는 건가요?"

하지만 이내 자신 없다는 듯 머리를 긁적이며 작아진 목소리로 고개를 갸우뚱했다.

"주식 시장은 그런 시장이 아닌가요?"

"채소나 과일 같은 물건을 사고파는 시장과 비슷해요. 하지만 물건 대신에 주식만 사고판답니다. 돈을 벌면 그 돈의 일부를 나눠주기로 하는 약속을 사고파는 시장이라고도 할 수 있어요."

"돈에 대한 약속을 사고파는 시장이라. 어렵지만 무슨 시장인지 알 것 같아요. 약속을 팔고 싶은 사람과 사고 싶은 사람이 모인 곳이라는 거죠?"

"맞아요. 그리고 이것도 알아 두세요! 주식을 산

사람을 부르는 이름이 있어요. 뭘까요?"

주현이는 도무지 답이 떠오르지 않는다는 듯 고개를 갸우뚱거렸다. 오늘 주식이라는 말을 처음 들었는데, 주식을 사는 사람을 뭐라고 부르는지 어찌 알겠는가. 답답한 표정의 주현이가 빨리 답을 알려달라는 듯 두 발을 동동 굴렀다.

"주식을 산 사람을 '주주'라고 불러요. 주식의 주인이라는 뜻이에요. 어때요, 외우기 쉽죠?"

생각보다 쉬운 대답에 주현이가 고개를 끄덕였다. 상담원이 이야기를 이어 나갔다.

"회사가 주식을 판다는 건 여러 사람의 돈이 회사를 위해 모인다는 뜻이에요. 그래서 회사의 중요한 문제를 결정할 때는 이 주주들을 모아 의견을 물어봐야 해요. 사장도 주주도 모두가 회사를 위해 돈을 모은 회사의 주인이니까요."

"사장도 주주도 모두가 회사의 주인이라고요?"

"네, 주주는 주식의 주인이에요. 그리고 주식은 회사를 만드는 데 들어간 돈이죠. 그러니 주주는 회사의 일부를 가진 주인이라고 할 수 있죠."

"만약 우리 회사를 믿고 주식을 사주는 사람이 있다면 저도 든든하게 회사를 시작할 수 있겠군요. 사람들에게 '행복이 빵빵' 회사의 주식을 팔아야겠어요. 주주를 모을래요."

주현이는 사람들 앞에 나서서 '행복이 빵빵'의 주식을 사 달라고 발표했다.

"여러분, '행복이 빵빵' 주식을 사세요! 우리 회사 '행복이 빵빵'은 많은 사람들의 아침을 행복하게 만들어 주고 싶어요. '행복이 빵빵'은 매일 아침 다양하고 맛있는 빵을 만들어 팔 거예요. 그리고 돈이 없어 배고픈 아이들이 배고프지 않도록 빵을 선물도 할 거예요."

주현이의 이야기를 들은 사람들이 하나둘 씩 모이기 시작했다.

"여러분이 우리 회사 주식을 사서 돈이 모이면, 그 돈으로 빵을 더 맛있게 만들 수 있도록 필요한 재료와 도구를 살 거예요. 그리고 '행복이 빵빵'은 빵을 더 많이 팔아 돈을 벌어 회사를 키울 거예요. 회사가 커지면 주식을 산 여러분께 번 돈의 일부를 나눠 드릴게요! 우리 회사 주식을 사세요. '행복이 빵빵'은 정말 잘될 거예요!"

우리 회사
주식을
사세요.
'행복이 빵빵'은
정말
잘될 거예요!

주식이란 무엇일까요?

주현이는 은행에서 돈을 빌리는 대신 주식을 팔아 돈을 마련하기로 했습니다.

과연 주식이란 무엇일까요?

스마트폰이나 컴퓨터, 자동차처럼 복잡하고 큰 물

건을 만들려면 많은 사람이 필요하고, 공장도 지어야 합니다. 물건도 많이 만들어야 하니 큰돈이 필요하겠죠. 회사를 만들 때 필요한 돈을 '자본금'이라고 합니다. 그런데 자본금을 회사의 사장이 혼자서 마련하기는 힘들답니다. 대신 여러 사람이 돈을 모아서 부족한 돈을 준비할 수 있습니다. 회사가 돈을 받는 대신 사람들에게 나눠주는 것이 바로 '주식'입니다. 그리고 주식을 발행하는 회사를 '주식회사'라고 합니다. 회사 이름의 앞뒤에 '주식회사' 또는 ㈜라는 말이 있으면 주식을 발행한 회사라는 것을 알 수 있답니다.

　주현이는 회사를 차릴 돈이 부족하자 자신이 만드는 빵에 관심이 있는 사람들을 모았어요. 그리고 '행복이 빵빵' 회사의 주식을 나누어 주고 그 대가로 돈을 받았죠. 그리하여 부족한 돈을 모을 수 있었어요. 주현이가 만든 회사에 관심 있는 사람이 돈을 주는 대신 주식을 받는 것을 '투자'라고 합니다. 즉 회사에 투자한다는 것은 그 회사의 주식을 사는 것이랍니다.

회사의 주식을 사는 투자자가 많을수록 회사에는 점점 더 많은 돈이 생깁니다. 그 돈으로 회사는 스마트폰이나 자동차처럼 복잡하고 커다란 물건도 만들 수 있어요. 이처럼 주식은 그것을 파는 회사에는 돈이 되고, 그것을 사는 사람에게는 회사의 주인이 될 수 있게 만들어 준답니다. 회사는 주식을 산 투자자들을 '주주'라고 부릅니다.

주현이도 '행복이 빵빵' 회사의 주식을 팔아 돈을 마련하면, 빵을 만드는 데 필요한 것들을 사고 맛있는 빵을 구울 수 있어요. 그리고 주현이가 만든 빵을 사 먹는 사람이 많아지면 그만큼 돈을 벌게 되죠. 빵을 팔아서 생긴 돈에서 빵을 만드는 데 쓴 돈을 빼고 남는 돈을 '이익'이라고 해요. 회사는 이렇게 생긴 이익을 회사의 주인인 주주에게 나누어 줄 수 있어요. 회사와 주주가 주식이라는 약속을 서로 사고팔았기 때문이죠.

여러분도 주식을 살 수 있답니다. 다만 미성년자는 부모님과 함께 주식을 사고파는 회사에 가야 해요. 주식에 투자하고 회사의 주인인 주주가 되는 방법은 잠시 후에 자세히 이야기해 보겠습니다.

주식을 사고 싶다면 그 전에 먼저 주식 시장이란 무엇이며, 투자하려는 회사가 어떤 곳인지 살펴보고 공부해야 합니다. 지금부터 미주부 아저씨와 함께 주식에 대해 좀 더 알아볼까요? 주식 투자는 그다음에 시작해도 늦지 않습니다.

주식 시장에서
내가 좋아하는 회사 찾기

내가 좋아하는 물건을 만드는 회사는 주식 시장에 있나요?

여러분이 좋아하는 음식, 장난감, 운동화, 책, 만화 등을 만든 회사의 이름을 찾아보세요. 그리고 부모님의 도움을 받아 그 회사의 주식이 주식 시장에서 거래되고 있는지, 주식의 가격은 얼마인지 적어 보아요.

내가 좋아하는 것	회사 이름	주식 상장 (O X로 표시)	주식 가격(원)
카카오톡 라이언	카카오톡 라이언	O	156,000
유기농 주스	매일유업	O	76,800

주식을 팔기로 결심한 주현이,

정말 멋져요!

'행복이 빵빵'의 주식을 사는 사람이 생겨나

회사에 돈이 많이 모이면 좋겠어요.

주현이와 함께 배운 주식과 주주가 무엇인지

여러분은 잘 이해했나요?

그럼 지금부터 함께 간단한 OX 퀴즈를 풀어 볼까요. 다음에 나오는 설명이 맞으면 O, 틀리면 X를 적어 주세요.

1. 회사는 필요한 돈을 마련하기 위해
사람들한테 돈을 받고 주식을 팔 수 있다.

( )

정답은 O입니다.

회사는 돈을 받고 주식을 팔 수 있어요. 회사는 물건이나 서비스를 팔고 돈을 벌어요. 이때 벌어들인 돈의 일부를 나눠 주겠다는 약속을 적은 종이가 바로 주식이에요.

2. 주식을 판 사람을 주주라고 부른다.

( )

정답은 X입니다.

주주는 주식을 산 사람을 말해요. 주주는 직접 회사를 만들지는 않았지만 돈을 주고 회사의 일부를 산 사람이기에 회사의 주인이기도 해요. 즉 회사의 주인이 주주랍니다. 외우기 쉽죠?

우리가 문제를 푸는 동안 주현이의 회사는 어떻게 됐을까요? 과연 주현이의 발표를 듣고 주식을 사는 사람들이 많이 나타났을까요. 주식이 팔려야 주현이의 회사가 빵을 만들어 팔 수 있을 텐데 말이죠. 우리 다 같이 '행복이 빵빵'의 주식이 잘 팔리도록 응원해요!

5
나는 주주입니다!

"애들아, 안녕. 나는 수빈이라고 해. 주현이와 같은 반 친구야."

수빈이가 손에 든 종이를 유심히 살펴본다. 그것은 주현이가 나눠 준 '행복이 빵빵' 소개 글이다. 모두 읽은 수빈이가 말했다.

"난 예전부터 주현이가 특별한 방법으로 빵을 만드는 걸 알고 있었어. 인기가 많아져서 맛있는 빵을 먹지 못해 아쉬웠는데 주현이가 회사를 차린다니! 정말 기분 좋은 소식이야. 분명 다른 사람들도 나처럼 주현이가 만든 빵을 좋아할 거야. 그러니까……"

수빈이는 깊은 생각에 잠겼다. 잠시 후 무언가 결심했다는 표정의 수빈이가 말했다.

"그래, '행복이 빵빵' 주식을 사자! 지금까지 내가 먹은 빵 중에서 주현이가 만든 게 가장 맛있었어. 그러니까 '행복이 빵빵'에서 빵을 더 많이 만들면 많은 사람들이 그 빵을 사고, 주현이는 금세 부자가 될 거야. 게다가 빵을 만들어 어려운 아이들을 도와준다니. 너무 멋진 회사라고 생각해. '행복이 빵빵'은 반드시 큰 회사로 성장할 거야."

이런 생각을 한 사람은 수빈이뿐만이 아니었다. 수빈이를 포함해 모두 5명이 '행복이 빵빵'의 주식을 사기로 결심했다. 한 사람당 10만 원을 투자해 주식을 하나씩 받기로 했다. 그렇게 '행복이 빵빵'에는 5명의

투자자가 생겼다.

사장인 주현이가 가진 50만 원과 다섯 명이 각각 10만 원씩 투자한 돈을 모두 모으니 100만 원이 되었다.

"드디어 100만 원이 생겼어. 이제 빵을 만드는 데 필요한 것들을 살 수 있겠는걸. 오븐, 밀가루, 달걀, 그릇까지 사야 할 게 정말 많다. 참, 같이 일할 직원도 뽑아야지. 빨리 빵을 만들고 싶다!"

드디어 진짜 사장이 된 주현이는 뛸 듯이 기뻐하며 맛있는 빵을 만드는 행복한 상상에 빠졌다.

주현이는 수빈이에게 행복의 빵빵 회사의 주식을 팔았고, 수빈이는 주현이에게 돈을 주고 주식을 샀다. 수빈이와 다른 친구들이 투자한 덕분에 주현이는 무사히 '행복이 빵빵' 회사를 차릴 수 있었다. 그런 주현이를 보는 수빈이도 행복한 상상에 빠졌다.

'내가 행복이 빵빵의 주식을 사다니. 이제부터 나

도 행복이 빵빵의 주인이야. 주식을 산다는 건 회사의 주인이 되는 거니까!'

이제 주현이가 맛있는 빵을 잔뜩 만들고 많이 팔아서 돈을 벌면 수빈이는 어떻게 될까? '행복이 빵빵'에서 일하지 않아도 수빈이는 돈을 벌 수 있다. 주현이의 회사 주식을 가지고 있기 때문에 빵이 잘 팔려서 돈을 벌고, 이익이 많아지면 그 돈의 일부를 투자자인 수빈이에게 나눠줘야 한다. 투자한 회사가 돈을 벌면 주식을 가진 사람은 일하지 않아도 돈을 버는 것. 이것이 바로 주식 투자다.

행복한 표정으로 '행복이 빵빵'의 증권을 바라보던 수빈이가 말했다.

"일을 하지 않아도 돈을 받을 수 있다니, 정말 멋진 걸! 물론 회사가 잘돼야 내가 돈을 벌 수 있게 되겠지. '행복이 빵빵'이 언제부터 빵을 팔게 될지 기대하며 지켜봐야지. 하지만 우리 회사만 지켜보는 게 아니야. 혹시 다른 빵집에서 더 맛있는 빵을 만들지도 모르잖아. 그러면 '행복이 빵빵'의 빵의 인기가 떨어질 수도 있으니까 자꾸만 다른 빵집도 관심을 갖게 돼. 좋은 마음으로 주식을 샀으니까 '행복이 빵빵'이 크게 성장했으면 좋겠어."

주주는 무슨 일을 할까요?

드디어 '행복이 빵빵'의 주식을 산 사람이 탄생했군요. 회사에 투자해서 주식을 가지고 있는 사람을 '주주'라고 부릅니다. 주주가 된다는 것은 단순히 주식을 가지고만 있는 것이 아니랍니다. 주주가 되는 동시에 회사가 중요한 결정을 해야 할 때 자신의 생각을 말할 수 있는 자격을 갖게 됩니다. 이처럼 주주가 자신의 의사 표시를 통해 회사의 결정에 참여할 수 있는 권리를 '의결권'이라고 합니다.

그런데 만약 회사에 관한 중요한 결정을 내리는 데 주주들의 생각이 저마다 다르다면 어떻게 할까요? 이때는 투표로 결정합니다. 재미있는 것은 주주들의 의결권이 모두 같지는 않다는 사실입니다. 주주는 자신이 가진 주식의 개수만큼 투표에 참여할 수 있습니다. 즉 하나의 주식에 하나의 의결권이 주어지는 거죠. 이는 주주의 권리와 의무는 주주가 가지고 있는 주식의 수의 따라서 평등한 대우를 받아야 한다는 '주식 평등의 원칙' 때문이랍니다.

주현이는 '행복이 빵빵'의 주식을 5개 가지고 있습니다. 수빈이가 가진 주식은 한 개입니다. 따라서 주

현이의 투표권은 5개이고, 수빈이의 투표권은 1개입니다. 더 많은 주식을 가진 주현이의 권리가 더 큽니다.

 만약 '행복이 빵빵'의 새로운 메뉴에 소시지 빵과 초코 케이크 중 하나만 추가할 수 있다고 해볼까요? 이때 주현이는 소시지 빵을 추가해야 한다고 생각하고, 수빈이는 초코 케이크가 더 좋다고 생각합니다. 이때 두 사람만 투표를 하고 다른 사람들은 투표를 하지 않는다면 새로운 메뉴는 더 많은 주식을 가진 주현이가 선택한 소시지 빵으로 결정됩니다.

 그런데 만일 주식을 하나씩 가진 나머지 4명의 주주들이 투표를 한다면 어떻게 될까요? 4명이 모두 수빈이의 생각과 같이 초코 케이크를 선택하면 소시지 빵과 5 대 5로 표가 나뉩니다. 이때는 다시 투표를 진행해야 합니다. 4명 중 1명이라도 수빈이의 소시지 빵에 투표한다면 새로운 메뉴는 소시지 빵이 됩니다.

이렇게 회사의 주주들이 모여서 중요한 결정을 하는 회의를 '주주총회'라고 합니다. 주주총회에는 많은 주주들이 모여 그동안 회사가 이뤄놓은 일들을 검토하고 앞으로 할 일을 검토한답니다. 그리고 회사가 해야 할 중요한 일을 투표를 통해 결정합니다. 회사의 사장은 주주총회에서 결정한 내용을 따라서 한 해 동안 회사를 열심히 운영합니다.

'행복이 빵빵'이 잘 되기를 기대하며 투자한 주주들이 생겼습니다. 회사의 주인이 많아졌으니 정말 든든하겠네요! 과연 주현이는 주주들에게 회사의 이익을 나누어 주겠다는 약속을 지킬 수 있을까요? '행복이 빵빵'이 어떻게 될지 함께 살펴보아요.

드디어 '행복이 빵빵'의 주주가 된

수빈이와 친구들.

주식을 산다는 것은 회사의 주인이 되는 것이죠.

회사의 주인이 된다는 것은 무엇인지

지금부터 함께 퀴즈를 풀면서 살펴볼까요.

다음에 나오는 설명이 맞으면 O, 틀리면 X를 적어 주세요.

1. 편의점에서 우유를 사면
그 우유 회사의 주식을 갖는 것일까요?

( )

정답은 X입니다.

편의점에서 우유를 사는 것은 회사에서 만든 물건을 사는 것이며, 회사의 주식을 사는 것은 아닙니다. 주식은 편의점이나 마트가 아닌 주식 시장에서 살 수 있습니다.

2. 수빈이가 '행복이 빵빵'의 주식을 사면 회사를 모두 갖게 되는 것일까요?

( )

정답은 X입니다.

주주가 돼도 회사를 전부 가질 수는 없습니다. 주식을 사는 것은 회사의 일부분을 갖는 것입니다. '행복이 빵빵'의 주식은 모두 10개입니다. 그중 5개는 주현이가 가지고 있습니다. 나머지 5개는 수빈이를 포함해 모두 5명이 주식을 하나씩 샀습니다. 주식을 가진 사람 모두 '행복이 빵빵' 회사의 일부를 갖게 되었습니다.

이번에는 함께 생각해 보아요.

3. '행복의 빵빵' 회사의 주인은 주현이일까요, 수빈이일까요? 아니면 다른 주주일까요?

💡 **주현이의 생각** 나와 수빈이 두 사람 모두 주인이야. 갖고 있는 주식이 많고 적은 것은 상관없어. 주식을 가진 사람은 모두 회사의 주인이지!

💡 **수빈이의 생각** '행복이 빵빵'의 주인은 아무도 없어. 주현이는 주식을 만들어 회사를 팔았고, 나와 다른 주주들은 회사의 아주 작은 부분만 샀거든. 그러니 누구도 회사의 주인이 될 수 없다고!

과연 누구의 말이 맞을까요?

주현이의 생각이 맞습니다.

회사를 만들어 사장이 된 주현이도,

회사에 투자해 주주가 된 수빈이도

모두 회사의 주인이랍니다.

6 '행복이 빵빵' 돈을 많이 벌었어요!

 주현이는 '행복이 빵빵'에서 소시지 빵을 만들어 팔기로 했다.

 "부드럽고 고소한 빵에 짭쪼름한 소시지를 넣고, 나만의 비법 소스를 뿌리면! 세상에서 가장 맛있는 소시지 빵이 탄생하지. 보기만 해도 군침이 도는걸. 어서 이 소시지 빵을 다른 사람들이 맛있게 먹었으면 좋겠다."

 주현이의 소시지 빵은 금세 맛있다고 소문이 났다.

학교 친구들은 물론 동네 사람들, 그리고 옆 동네와 옆옆 동네 사람들까지 소시지 빵을 사러 '행복이 빵빵' 앞에 줄을 섰다.

소시지 빵의 인기는 식을 줄 몰랐다. 맛있다는 입소문이 계속 퍼지더니 우리나라뿐 아니라 해외에서도 어마어마한 인기를 끌었다. 미국과 중국의 어린이들이 가장 좋아하는 간식으로 '행복이 빵빵'의 소시지 빵이 뽑혔다. 이제 주현이가 만든 소시지 빵은 세계 곳곳으로 수출된다.

"내가 만든 빵을 이렇게 많은 사람이 좋아하다니. 너무 행복해! 소시지 빵보다 더 맛있는 다른 빵도 만들어야지."

소시지 빵이 아주 많이 팔린 덕분에 '행복이 빵빵'에는 꽈배기, 샌드위치 같은 새로운 메뉴도 생겼다. 주현이가 만든 빵은 모두 사람들의 사랑을 받았다.

'행복이 빵빵'은 엄청나게 팔린 빵만큼 많은 돈을 벌었다.

'행복이 빵빵'이 문을 연 지 1년이 지났다.

"지난 1년 동안 정말 열심히 일했어. 그동안 '행복이 빵빵'이 돈을 얼마나 벌었는지 확인해 볼까?"

주현이는 빵을 팔아 번 돈을 세기 시작했다.

"우와 200만 원이나 되다니! 그럼 내가 대체 얼마나 번 거지? 내가 가진 돈이 50만 원이었으니까……"

계산기를 두드린 주현이가 깜짝 놀라며 말했다.

"남은 돈이 150만 원? 회사를 시작할 때 가지고 있던 돈보다 3배나 많이 벌었잖아! 믿을 수 없어."

빵을 팔아 번 돈을 확인한 주현이는 정말 많은 사람들이 자신이 만든 빵을 사 먹었다는 사실을 깨달았다. 세상에서 제일 행복한 순간은 맛있는 빵을 만들 때였는데, 지금은 그때보다 더욱더 행복했다.

"참, 이러고 있을 때가 아니지. 주주들에게 이 기쁜 소식을 빨리 알려 줘야지."

잠시 후 수빈이는 '행복이 빵빵'이 돈을 많이 벌어 이익을 나눠 주겠다는 주현이의 연락을 받았다.

"역시 내 생각이 맞았어. 주현이가 만든 빵이 잘 팔릴 줄은 알았지만 이렇게 많이 팔릴 줄이야. 주현이의 회사가 열심히 일해 준 덕분에 나도 돈을 벌었어. 투자만 했을 뿐인데 일하지 않고 돈을 벌다니 주주가 된다는 건 정말 멋진 일이야! 이렇게 잘될 줄 알았으면 주식을 하나만 살 게 아니라 몇 개 더 살 걸 그랬어."

수빈이는 '행복이 빵빵' 회사가 번 돈을 나눠 주겠다는 주현이의 말이 기쁘면서도 주식을 더 많이 사지 못한 것을 후회했다.

배당금은 무엇일까요?

'행복이 빵빵'이 성공해서 회사에 투자한 수빈이와 친구들은 돈을 잔뜩 벌었네요. 그런데 수빈이는 왜 주식을 더 많이 사지 못한 것을 후회하는 걸까요? 그건 주주가 가진 주식의 개수에 따라 받는 돈이 다르기 때문이랍니다. 만일 수빈이가 '행복이 빵빵'의 주식을 두 개 샀다면 주현이가 준 돈의 두 배를 받았을 거예요. 그래서 수빈이는 주식을 하나만 산 것을 후회했답니다.

주식으로 돈을 버는 방법은 크게 두 가지랍니다. 여러분이 이해하기 쉽게 예를 들어 설명할게요.

어느 시골 마을에 오리 농장이 있습니다. 이 농장은 50마리의 새끼 오리를 키우고 있어요. 그런데 오리들이 먹는 사료의 값이 갑자기 크게 올랐답니다. 농장 주인이 가진 돈은 새끼 오리들의 사료를 사기에는 부족했어요. 결국 주인은 오리를 몇 마리 팔기로 결심했어요. 미주부 아저씨는 이 소식을 듣고 새끼 오리가 컸을 때 오리를 데려오기로 하고 10마리 값을 주인에게 주었어요. 농장 주인은 그 돈으로 오리들이 먹을 사료를 샀답니다.

여기서 미주부 아저씨가 산 10마리의 새끼 오리를 주식이라고 한다면, 미주부는 어떻게 주식으로 돈을 벌 수 있을까요? 오리를 가지고 돈을 버는 방법은 두 가지입니다.

첫째, 새끼 오리가 무사히 자랄 때까지 기다린 다음 파는 것.

이 방법은 나중에 좀 더 자세히 알려줄게요.

둘째, 새끼 오리가 자라서 낳는 알을 파는 것.

오리를 가지고 있으면 오리알을 얻을 수 있습니다. 그리고 그것을 팔면 돈을 벌 수 있죠. 주식에서는 오리알 같은 것을 '배당금'이라고 합니다. 주식을 가진 사람이 받을 수 있는 이익이 바로 배당금이죠. 만일 미주부가 산 오리가 다른 오리보다 훨씬 많은 알을 낳는다면 배당금이 큰 주식을 가진 셈이 됩니다.

배당금이 무엇인지 이해가 되었나요? 주현이도 주

주들에게 배당금을 주었답니다. 수빈이와 다른 친구들에게 '행복이 빵빵'에서 번 돈의 일부를 나누어 주었어요. 이것을 '배당금을 준다'라고 말합니다. 이처럼 주식은 한 번 사는 것만으로 끝나지 않아요. 회사 이윤의 일부를 돌려받는 것, 그리고 주식회사에서

주주에게 나누어 주는 것이 바로 '배당금'이라는 사실을 잊지 마세요.

회사가 경영을 잘하고 직원들이 열심히 일을 해서 돈을 벌면, 회사는 직원들에게 월급을 줍니다. 또 회사를 유지하는 데에도 돈을 쓴답니다. 물건을 만드는 재료를 사거나, 직원들이 일할 사무실의 월세를 내기도 하는 등 많은 곳에 돈이 필요하답니다.

이런 비용을 모두 빼고 난 뒤에도 돈이 남아 있다면 비로소 회사는 돈을 벌었다고 할 수 있습니다. 그 돈을 '순이익'이라고 한답니다. 이렇게 회사가 경영을 잘하여 이윤을 얻게 되면 그 일부를 주주들에게 나누어 주는 것이 바로 배당금입니다. 배당금은 주식으로 돈을 버는 방법 중 하나입니다.

드디어 수빈이가 배당금을 받았어요!
주식에 투자해 돈을 버는 배당금에 관해
좀 더 자세히 살펴볼까요.

1. 배당금을 많이 받고 싶어요. 어떻게 해야 할까요?

배당금은 주식을 하나만 가지고 있어도 받을 수 있어요. 예를 들어 주식 1주당 배당금이 500원이라면,

주식을 100주 가지고 있으면 5만 원을 받을 수 있습니다.

500원 × 100 = 5만 원

그러므로 배당금을 많이 받고 싶다면 그 회사의 주식을 많이 가지고 있으면 됩니다.

2. 배당금은 언제 주나요?

배당금은 회사마다 다르답니다. 매월 배당금을 주는 회사도 있고, 3개월마다 한 번씩 혹은 1년에 한 번만 배당금을 주는 회사도 있습니다. 그리고 회사의 순이익 중 배당금으로 지급할 비율인 배당 성향도 회사마다 다릅니다.

7 행복이 빵빵 주식 가격이 달라졌어요!

'행복이 빵빵' 사무실.

주현이가 누군가를 기다리고 있다. 그때 문이 열리고 익숙한 모습의 누군가가 '짠' 하고 모습을 드러낸다. 수빈이다.

"수빈아, 여기야 여기!"

반가운 듯 주현이가 손을 크게 흔들며 말했다.

"아이고 우리 주현 사장님. 오랜만이야."

"아유, 수빈 주주님. 그동안 잘 지냈어?"

"그럼, 주현 사장이 열심히 일한 덕분에 돈도 벌었는걸! 정말 고마워."

수빈이는 너무 고마운 나머지 주현이의 손을 꼭 잡았다. 친구가 좋아하는 모습을 보는 주현이의 기분은 날아갈 듯 기뻤다.

"수빈 주주님. 그럼 앞으로도 우리 '행복이 빵빵'과 함께하는 거지? 이제 곧 새해가 다가오는데 내년에는 새로운 빵도 더 많이 개발할 생각이야. 기대해도 좋아. 그런데 우리 회사에는 무슨 일로 온 거야?"

그러자 수빈이가 눈을 반짝이며 물었다.

"주현아, '행복이 빵빵'의 주식을 더 만들 생각은 없니? 이제 네가 만든 빵을 더 많은 사람들이 알게 됐으니 내년에는 그만큼 더 많은 돈을 벌 것 같아. 내가 가진 '행복이 빵빵' 주식은 하나뿐이잖아. 나 너희 회사의 주식을 더 사고 싶은데 어때?"

수빈이의 말을 들은 주현이는 골똘히 생각에 잠겼다. 잠시 후 생각을 끝낸 주현이가 진지한 표정으로 이야기하기 시작했다.

"그래, 내 생각에도 우리 회사가 만든 빵은 내년에도 인기가 좋을 것 같아. 수빈이 네가 우리 회사를 그렇게 좋게 생각해 주다니 정말 고맙다. 하지만 회사를 운영하는 데 필요한 돈은 이제 충분해. 그래서 나는 이제 더 이상 주식을 팔지 않을 생각이야. 정말 미안해."

'행복이 빵빵'의 주식을 더 살 수 있을 것이라는 수빈이의 기대는 완전히 무너졌다. 실망한 표정이 가득한 수빈이를 보던 주현이는 갑자기 좋은 생각이 떠올랐다는 듯 말했다.

"수빈아, 그러고 보니 지원이가 곧 미국 여행을 갈 거래. 그래서 돈이 많이 필요한 것 같던데……. 혹시

지원이가 갖고 있는 우리 회사의 주식을 너에게 팔 수도 있지 않을까?"

주현이의 이야기를 들은 수빈이는 곧바로 지원이에게 전화를 걸었다.

"지원아 안녕. 나 수빈이야. 잘 지내지?"

"어머, 수빈아 오랜만이야. 그런데 무슨 일로 전화한 거야?"

"응, 다름이 아니라 지원이 네가 얼마 후에 미국 여행을 간다고 들었어."

"맞아, 오래전부터 미국에 가 보는 게 내 꿈이었거든. 드디어 이번 방학에 소원을 이룰 수 있게 됐어. 그런데 여행 갈 돈이 조금 부족해서 고민 중이야. 지금 당장 돈을 마련할 수 있는 방법이라고는 '행복이 빵빵' 주식을 파는 것뿐이라서."

지원이가 수빈이의 말에 맞장구쳤다. 지원이의 미

국 여행이 사실이라는 것을 확인한 수빈이가 어렵게 말을 꺼냈다.

"저……, 지원아. 그 주식 나에게 팔지 않을래?"

"수빈이 너한테?"

"응, 나는 '행복이 빵빵' 주식을 더 사고 싶거든."

"그랬구나. 얼마든지 가능하지."

주식을 팔겠다는 지원이의 말을 들은 수빈이가 환호성을 질렀다. 그때였다. 지원이가 생각지도 못한 질문을 했다.

"수빈아, 너는 그럼 내 주식을 얼마에 살 거야?"

"응? 얼마라니. 당연히 10만 원이지!"

"내가 지금 여행 경비가 부족하긴 하지만 그래도 10만 원에 주식을 팔 수는 없어. 내 주식을 12만 원에 산다는 사람이 이미 있는걸. 미안하지만 수빈이 너에겐 내 주식을 팔 수 없을 것 같다."

깜짝 놀란 수빈이가 소리쳤다.

"뭐어? 그 사람은 바보야. 분명 너랑 나 둘 다 10만 원을 주고 산 주식이잖아. 근데 왜 그 사람은 12만 원에 사려고 하는 거야? 2만 원이나 더 비싸게 사겠다니……. 말이 안 되잖아."

"바보라니 그게 무슨 소리야. '행복이 빵빵'이 앞으로도 지금처럼 장사가 잘되면 우리가 받을 수 있는 돈이 더 많아지잖아. 그러면 주식 가격도 오르는 게 당연하지. 그 사람이 2만 원을 더 주고 '행복이 빵빵' 주식을 사더라도 내년, 내후년에 회사가 더 커지고 이윤을 많이 남기면 과연 주식 가격이 어떻게 될까? 나는 12만 원의 두 배는 거뜬히 받고 팔 수 있을 거라고 생각해. 그러니까 내가 가진 주식을 2만 원을 더 주고 사겠다고 하는 건 손해가 아니라 투자라고, 투자! 이제 알겠니?"

지원이와의 통화를 마친 수빈은 고민에 빠졌다. 분명 얼마 전에는 10만 원에 팔았던 주식을 12만 원에 사겠다는 사람이 나타나다니. 주식의 가격이 변한다는 사실을 미처 생각하지 못했는데 말이다. 지원이의 말대로라면 수빈이는 돈을 더 주고 지원이의 주식을 사야 한다. 그런데 주식의 가격이 무조건 오르기만 하는 것은 아닌데…….

"지원아, 네 말이 맞아. '행복이 빵빵'이 성공해서 우리 주주들은 배당금을 많이 받았어. 주현이가 이렇게 계속 열심히 일한다면 내년에도 빵이 많이 팔릴 거야. 그런데 회사 상황에 따라 주식의 가격이 변한다면 '행복이 빵빵'의 주식 가격이 떨어질 수도 있는 거 아니니?"

"그래, 만약 '행복이 빵빵'의 인기가 갑자기 떨어지거나 빵의 맛이 변한다면 회사가 버는 돈이 줄어들 수도 있어. 그때는 주식 가격이 10만 원보다 더 낮아질지도 몰라. 하지만 지금처럼 사람들이 '행복이 빵빵'의 빵을 좋아한다면 주식 가격은 계속 올라갈 거야. 그러니 수빈이 네가 결정해야 해."

"무슨 결정?"

"회사가 앞으로도 잘될 거라고 생각한다면 10만 원보다 높은 가격이라고 해도 '행복이 빵빵'의 주식을 사야겠지. 하지만 그렇지 않을 거라고 생각한다면 주식 가격이 떨어질 테니 네가 산 것보다 더 많은 돈을 주고 '행복이 빵빵'의 주식을 사지는 말아야 해. 네 생각은 어떠니?"

지원이의 질문을 받은 수빈이는 고민에 빠졌다. 회사가 잘되면 이익이 늘어나고, 그러면 주식의 가격도 오른다. 반대로 회사가 어려워지면 이익이 줄어들고, 그러면 주식의 가격도 떨어진다. 지원이는 원래 주식 가격인 10만 원보다 더 많은 돈을 받고 '행복이 빵빵'의 주식을 팔겠다고 선언했다.

수빈이는 과연 지원이에게서 '행복이 빵빵'의 주식을 사야 할까? 아니면 사지 말아야 할까?

오를 것인가
떨어질 것인가
그것이
문제
로다

135

주식 가격은 왜 바뀌는 걸까요?

수빈이는 '행복이 빵빵'의 주식을 더 사고 싶어 합니다. 마침 지원이가 주식을 팔 생각이라는 소식을 들었어요. 그런데 지원이는 '행복이 빵빵'의 주식을 원래 가격인 10만 원보다 더 비싸게 받겠다고 합니다.

'행복이 빵빵'이 성공했다는 소식을 들은 다른 사람이 지원이에게 12만 원에 주식을 사겠다고 말했기 때문이죠. 지원이는 미국 여행에 필요한 돈을 마련해야 하기 때문에 가능한 많은 돈을 받고 '행복이 빵빵'의 주식을 팔 생각인 것 같네요.

이렇게 회사가 이윤을 많이 내서 회사의 가치가 오르면 주식의 가격도 덩달아 오릅니다. 앞에서 주식으로 돈을 버는 방법이 배당금을 받는 것이라는 이야기를 했습니다. 사람들이 주식에 투자하는 또 다른 이유는 자신이 산 주식의 가격이 오르면 돈을 벌 수 있기 때문이랍니다.

텔레비전 뉴스에서 수많은 숫자들이 빼곡하게 나오는 화면을 본 적 있나요? 그것은 바로 주식의 가격, 즉 주가를 보여주는 화면입니다. 여러 회사의 주가를 정리해서 보여주는 것이죠. 미주부 아저씨처럼 주식에 투자한 사람들은 주가가 오른 날은 기분이 좋고, 주가가 떨어진 날은 속상하기도 한답니다.

그런데 주가는 왜 오르기도 하고 내리기도 하는 걸까요? 만약 어느 회사가 경영을 잘해서 많은 이윤을 얻게 되면 그 회사의 주식을 사고 싶어 하는 사람이 많아집니다. 하지만 사고팔 수 있는 주식의 수는 정해져 있죠. 그러면 그 회사의 주식 가격이 올라갑니다. 이에 따라 주식을 가지고 있는 투자자들은 돈을 벌게 되는 것이죠.

지원이가 12만 원에 주식을 판다면 원래 주식 가격인 10만 원을 빼고 남은 돈인 2만 원의 이익을 얻게 됩니다. 만일 수빈이가 지원이에게 13만 원을 주고 주식을 산다면 주식으로 버는 돈은 3만 원이 되죠. 지원이가 주식을 팔면 더 이상 '행복이 빵빵'의 주주가 아니며, 지원이의 주식을 산 사람이 새로운 주주가 됩니다.

 그런데 만약 '행복이 빵빵'의 빵이 잘 팔리지 않아서 회사가 돈을 벌지 못했다면 지원이의 주식은 어떻게 될까요? 이때는 '행복이 빵빵'의 주식을 사고 싶어 하는 사람이 별로 없을 것입니다. 그리고 실망한 주주들이 주식을 팔 수도 있죠. 주식을 사려는 사람보다 팔려는 사람이 더 많다면 주식의 가격은 떨어질 수 있어요. 지원이가 미국 여행비용을 마련하기 위해 다른 사람에게 '행복이 빵빵'의 주식을 팔아야 한다면 오히려 원래 주식 가격인 10만 원보다 더 싼 가격에 팔아야 할지도 모른답니다. 또 앞으로 '행복이 빵빵'이 돈을 잘 벌지 못할 것 같다고 생각하는 사람이 늘어나도 주식 가격이 내려갑니다.

 이렇게 회사가 경영을 잘해서 이윤을 많이 얻을수록 회사 주식의 인기가 높아지고 주식 가격도 점점 올라갑니다. 이때 주식에 투자한 사람들은 돈을 벌죠. 반대로 경영을 잘 못 해서 이윤을 얻지 못하거나 손실을 보면 그 회사 주식의 인기는 떨어지죠. 그러면 회사의 주가는 내려갑니다. 이 경우에는 주식을 가지고 있는 투자자들이 손해를 보게 됩니다.

그러니 어떤 회사든 여러분이 주식에 투자하기 전에 꼭 알아 두어야 할 것이 있습니다!

사람들은 주식 가격이 오를 것을 기대하고 주식에 투자합니다. 하지만 주식 가격이 투자자가 원하는 대로 오르기만 하지는 않습니다. 놀이동산의 롤러코스터처럼 주식의 가격은 오르기도 하고 내리기도 한답니다. 따라서 주식에 투자할 때는 매우 신중해야 합니다.

여러분이 오랫동안 차곡차곡 모아둔 돈이나 꼭 써야 할 데가 있는 돈으로 주식에 투자했다가 가격이

주식 투자는 꼭 필요한 돈을 빼두고 남는 돈으로 해야 한다는 사실!

떨어지면 큰일이 나겠죠? 주식 투자는 꼭 필요한 돈을 빼두고 남는 돈, 그러니까 여윳돈으로 해야 한다는 사실을 꼭 기억하세요!

달라지는 주식 가격의 이유 알기

옆의 표는 주현이가 정리한 주현이 회사 '행복이 빵빵'의 주식 가격표예요.

표를 보고 빈칸에 알맞은 답을 써 보세요.

〈행복이 빵빵〉 주식 가격표

	주식 가격	이때 회사에 무슨 일이 있었을까요?
처음	10만 원	주식을 팔기 시작했다!
1월	7만 원	앗, 재료에 문제가 생겨 빵이 잘 안 팔렸어.
2월	11만 원	재료 문제 해결! 새로운 메뉴를 개발해서 빵을 많이 팔았어.
3월	8만 원	손가락을 다쳐 가게를 일주일 쉬어서 빵을 못 팔았어.
4월	12만 원	빵의 인기가 입소문을 타고 중국까지 알려졌어. 중국에서 빵 가게를 열었고 빵을 많이 팔았어.

함께 문제를 풀어 보아요!

1. '행복이 빵빵' 회사의 주식은 처음에 얼마였나요?

2. 주식 가격이 처음보다 비싼 것은 모두 몇 월인가요?

3. 그렇다면 주식 가격이 오른 이유는 무엇인가요?

4. 주식 가격이 처음보다 싼 것은 모두 몇 월인가요?

5. 그렇다면 주식 가격이 떨어진 이유는 무엇인가요?

6. '행복이 빵빵'에 안 좋은 일이 생긴다면 주식의 가격은 올라갈까요, 내려갈까요?

7. '행복이 빵빵'이 돈을 잘 번다면 주식의 가격은 올라갈까요, 내려갈까요?

❶ 10만 원 ❷ 2월, 4월 ❸ 2월에는 새로운 메뉴를 개발해서 빵가게 빵을 많이 팔았어요. 4월에는 공장에 빵 만드는 기계를 더 사서 빵을 많이 팔았어요. ❹ 1월, 3월 ❺ 1월에는 동네에 생기는 빵가게가 많아서 많이 팔지 못 했어요. 3월에는 안 좋은 소문이 나서 사람이 가게를 많이 오지 않았어요. ❻ 내려가요. ❼ 올라가요.

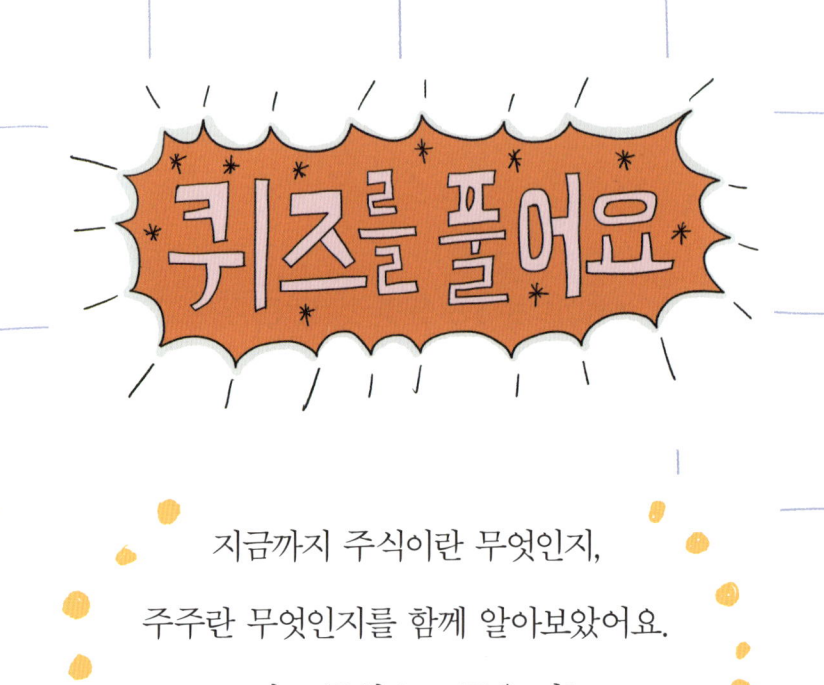

지금까지 주식이란 무엇인지,
주주란 무엇인지를 함께 알아보았어요.
그리고 주식으로 돈을 버는
두 가지 방법을 살펴보았죠.

배당금을 받는 것과
주식을 파는 것.

여러분이 주식으로
돈을 벌 준비가 되었는지
한 번 더 살펴볼까요?

1. 어떤 회사의 주식을 사야 돈을 벌 수 있을까요?

　돈을 잘 버는 회사입니다. 그리고 앞으로도 돈을 더 잘 벌 가능성이 높은 회사의 주식이 오를 확률이 높답니다. 회사가 꾸준히 돈을 잘 벌고 성장해 나간다면, 그 회사의 주식을 사려고 하는 사람이 많아질 거예요. 그러면 나중에 여러분이 산 주식의 가격보다 더 비싼 가격에 주식을 팔 수 있습니다. 물건을 싸게 사서 비싼 가격에 팔면 돈을 벌 수 있는 것처럼 주식도 싼 가격에 사서 비싼 가격에 팔아야 돈을 벌 수 있답니다.

2. 주식을 팔지 않으면 돈을 벌 수 없는 건가요?

주식을 팔지 않아도 돈을 벌 수 있어요. 우리는 앞에서 배당금에 대해 배웠습니다. 회사가 주주에게 배당금을 준다면 주식을 팔지 않아도 배당금으로도 돈을 벌 수 있지요. 앞으로 회사가 계속 성장하면서 배당금도 주고 주식의 가격도 점점 오른다면 더욱 좋겠죠?

8 우리도 주식을 사볼까?

미주부 아저씨가 태호와 아린이를 향해 말한다.

"애들아, 주현이의 회사 '행복이 빵빵' 이야기 어떻게 들었니? 지금까지 주현이와 친구들이 들려준 주식 이야기를 이해했다면 이제 너희들은 주식에 투자할 충분한 자격을 갖췄다고 할 수 있지."

"네, 너무 재미있었어요. '행복이 빵빵'이 잘돼서 정말 기뻐요. 수빈이와 친구들이 주식에 투자해 돈을 번 것은 부럽기도 하고요. 저도 수빈이처럼 주식 투자로 돈을 벌 수 있을까요?"

아린이는 부럽고도 즐거운 표정이다.

"물론이지, 그럼 우리도 이제 튼튼 블록 회사의 주식이 투자해도 괜찮은 것인지 함께 살펴볼까?"

"네, 좋아요!"

아린이와 태호가 동시에 대답했다.

"그런데 테디도 튼튼 블록만큼 인기가 많아요."

태호가 말했다.

"테디? 그것도 장난감이니?"

"테디는 인형이에요. 튼튼 블록을 좋아하는 애들도 많지만, 테디를 좋아하는 애들도 많아요. 저도 테디를 가지고 있는걸요."

비록 튼튼 블록은 없지만 테디 인형을 가지고 있고 말하는 아린이는 누구보다 자랑스러워 보였다.

"그렇단 말이지? 그럼 테디의 인기가 많은 이유도

이 미주부 아저씨가 파헤쳐 주겠어! 기대하라고."

"에이, 장난감은 우리가 전문가예요. 지금부터 저랑 아린이가 미주부 아저씨한테 튼튼 블록과 테디를 자세하게 알려줄게요."

"맞아요, 우리가 소개해 줄 테니 잘 들어 봐요."

"그럼, 장난감만큼은 우리 아린이와 태호가 한 수 위지. 그럼 지금부터는 너희들이 내 선생님이구나. 튼튼 블록과 테디에 대해 알려주세요, 선생님!"

미주부는 장난스럽지만 진지한 표정으로 아린이와 태호를 향해 부탁했다. 그 모습을 보는 아린이는 웃음을 꾹 참으며 말했다.

"그럼 저는 튼튼 블록을 소개하고, 태호는 테디를 소개할게요. 그냥 들려주면 재미없으니 지금부터 홈쇼핑의 쇼호스트가 돼서 장난감을 알려주는 게 좋겠어요. 어때? 태호야, 자신 있지?"

"물론이지! 아저씨, 우리 두 사람이 설명하는 걸 잘 들어보고 어떤 장난감을 사고 싶은지 생각해 보세요. 알았죠?"

미주부는 잔뜩 기대하는 표정으로 아린이와 태호를 향해 앉았다.

"좋아, 그럼 시작해 볼까?"

아린 여러분 안녕하세요. '어서 사 홈쇼핑'에 오신 것을 환영합니다. 저는 쇼호스트 아린입니다. 지금부터 여러분께 최고 인기 장난감 튼튼 블록을 소개하겠습니다. 제 앞에 놓인 이 장난감이 보이나요? 맞습니다. 바로 튼튼 블록이랍니다. 요즘 어린이들이 튼튼 블록에 열광하는 이유는 무엇일까요? 이렇게 블록과 블록을 쌓아서 다양한 것을 만들 수 있어서랍니다. 소방차, 수많은 동물, 멋진 집, 로봇까지 자유

롭게 만들 수 있답니다. 어때요? 튼튼 블록을 가지고 재미있게 놀고 싶지 않나요?

　미주부가 리모컨을 눌러 채널을 돌렸다. 그러자 태호의 모습이 보인다.

태호　안녕하세요. '다 살래 홈쇼핑'의 쇼 호스트 태호랍니다. 저는 여러분께 테디를 소개할 거예요. 여기 보이는 이 귀여운 인형이 바로 테디랍니다. 멋진 왕관을 쓴 이 인형을 안고 있으면 폭신폭신하고 말랑말랑해서 기분이 좋아져요! 소파에 앉아 텔레비전을 볼 때도, 침대에 누워 이불을 덮고 잠이 들 때도, 좋아하는 노래를 들을 때도 언제나 함께할 수 있는 내 친구랍니다. 테디와 함께 있으면 외롭지 않고 든든해요. 여러분에겐 이런 친구가 있나요?

아린 튼튼 블록은 플라스틱으로 만들어서 오랫동안 가지고 놀아도 망가지지 않을 정도로 튼튼해요!

태호 테디의 부드러운 천과 솜은 친환경 재료랍니다. 아이의 피부에 오랫동안 닿아도 안전해요. 게다가 딱딱하지 않아 가지고 놀다가 다칠 위험이 없어요.

아린 튼튼 블록은 60개가 넘는 다양한 종류의 블록으로 구성되어 있어요. 이 모든 블록의 가격은 5만 원이랍니다.

태호 테디의 가격은 단돈 2만 원이에요. 그리고 깜짝 놀랄 소식! 테디를 사면 인형 옷 두 벌을 함께 드려요.

아린 튼튼 블록은 어린이뿐 아니라 어른들에게도 인기가 많아요. 나이에 상관없이 누구나 좋아하는 장난감이에요.

태호 테디는 우리나라뿐 아니라 전 세계에서 사랑받는 캐릭터예요. 다음 달에는 테디가 주인공인 애니메이션이 우리나라와 미국, 중국에서 방영할 예정이랍니다. 동화책과 테디 캐릭터를 그려 넣은 버스도 곧 생길 거래요. 이제 더 많은 사람들이 귀여운 테디를 알게 될 거예요.

아린 튼튼 블록은 매년 새로운 시리즈를 출시한답니다. 올해의 테디 블록은 공룡 월드를 만드는 시리즈라고 하네요. 곧 새로운 튼튼 블록 시리즈를 만날 수 있어요!

아린이와 태호의 장난감 소개가 끝났다. 미주부가 감동한 표정으로 박수를 쳤다.

"우와, 너희 정말 대단하구나. 튼튼 블록과 테디를 이렇게 잘 알고 있다니. 덕분에 나도 좋은 장난감을 알게 됐어. 자, 그럼 너희가 말한 튼튼 블록과 테디의 정보를 표로 정리해 볼까? 그래야 어떤 장난감 회사의 주식을 사는 게 좋은지 좀 더 정확하게 알 수 있을 거야."

태호와 아린이, 그리고 미주부 아저씨는 열심히 표를 그렸다.

"짜잔, 드디어 표가 완성됐다."

튼튼 블록

- 블록을 쌓아 다양한 형태를 만들 수 있어요
- 플라스틱이라 튼튼해요.
- 60개가 넘는 블록의 가격은 5만 원.
- 어린이뿐 아니라 어른도 좋아해요.
- 매년 새로운 시리즈가 나와요. 올해는 공룡 월드를 만들 수 있어요.

테디 인형

- 안으면 푹신하고 말랑해서 기분이 좋아요
- 친환경 재료의 보드라운 천과 솜으로 만들었어요.
- 딱딱하지 않아 놀다가 다칠 위험이 없어요.
- 가격은 단돈 2만 원.
- 전 세계에서 사랑받는 테디를 주인공으로 한 애니메이션과 동화책, 버스가 만들어질 거래요.

미주부는 깔끔하게 정리한 표를 보며 아린이와 태호에게 물었다.

"너희들 어떤 장난감 회사에 투자할지 결정했니?"

"네, 저는 정했어요."

태호의 대답에 아린이 깜짝 놀란 표정을 지었다.

"벌써 결정했어? 튼튼 블록과 테디, 둘 중 어느 쪽에 투자할 거야?"

"발표하다 보니 테디 인형에 더 애정이 가. 왠지 이 회사는 잘될 것 같은 느낌이 '빡' 하고 왔어. 아린이 너는 어때?"

"에휴, 나는 잘 모르겠어. 튼튼 블록도 좋고 테디도 좋은걸. 차라리 누가 그냥 알려줬으면 좋겠어. '이 회사의 주식을 사면 너는 부자가 될 거다!' 하고 말이야."

누가 그냥 알려줘 제발

주식을 사고 싶은 회사를 공부해요

아린이와 태호는 튼튼 블록과 테디 회사 중 어느 곳의 주식을 살까요?

회사의 주식을 산다는 것은 단순한 투자가 아닙니다. 그 회사의 주인이자 동업자가 되어 함께 일하는 것과 같습니다. 회사가 돈을 많이 벌어야 회사의 주식을 산 주주도 돈을 벌 수 있기 때문이죠. 반대로 회사가 돈을 벌지 못하면 회사의 주식을 산 주주도 돈을 벌 수 없습니다.

 그러면 주식에 투자할지, 투자하지 않을지를 결정할 때 가장 중요한 것은 무엇일까요?

 바로 여러분이 투자를 고민하는 회사와 그곳에서 판매하는 상품에 대해 잘 알아보고 공부하는 것입니다. 어떤 회사인지, 무엇을 만드는지 알아보지 않고 주식을 사는 것은 공부를 하나도 하지 않고 시험을 보는 것과 같아요. 책도 보지 않고 시험을 보면 틀리는 문제도 많고 점수는 엉망이 됩니다. 하지만 열심히 책을 읽고 공부해서 시험을 보면 훨씬 좋은 점수를 받을 수 있어요.

 주식도 마찬가지랍니다. 회사와 상품을 열심히 알

아보고 그것이 많이 팔릴 수 있을지 고민해야 해요. 열심히 공부하면 회사가 성장할 가능성이 있는지, 그렇지 않은지 점점 알게 됩니다. 그러니 아무리 내가 좋아하는 물건을 파는 회사라고 해도 아무런 공부도 하지 않은 채 주식에 투자하는 것은 안 돼요.

자, 그럼 지금부터 주식을 사고 싶은 회사에 대해 어떻게 공부해야 할지 함께 알아볼까요?

내가 좋아하는 상품에 대해 더 알아봐요!

누구나 좋아하는 물건이 있습니다. 여러분이 가장 좋아하는 과자나 아이스크림 중 두 가지 상품을 골라 보세요. 고른 상품에 대해 자세히 알아보고 뒤에 나오는 표를 채워 보세요.

내가 좋아하는 상품에 대해 더 알아보아요!

상품 이름	
가격은 얼마인가요?	
좋아하는 이유는 무엇인가요?	
무슨 맛인가요?	
어떤 성분이 들어갔나요?	
단점은 무엇인가요?	
TV 광고를 하나요?	
회사 이름은 무엇인가요?	

여러분은 어떤 회사에 투자하고 싶은가요?
그 이유는 무엇인가요?

내가 좋아하는 상품을 파는 회사에 대해 더 알아보아요!

회사 이름	
언제 만들어진 회사인가요?	
무엇을 만드는 회사인가요?	
•업종은 무엇인가요?	
직원은 몇 명인가요?	
우리 가족도 아는 회사인가요?	
지금 주식은 얼마인가요?	
1년 전 주식은 얼마인가요?	

 어른과 함께 인터넷에서 회사를 검색해 보고 빈칸을 채워 보세요.

• 업종은 직업이나 영업의 종류를 뜻해요.
  회사의 업종을 보면 회사가 무슨 일을 하는지 알 수 있어요.

회사를 알아보고 투자해요!

튼튼 블록과 테디 인형.

태호는 튼튼 블록 회사에 투자하기로 결정했고, 아린이는 둘 중 어느 회사를 골라야 할지 심각하게 고민 중이다. 이 모습을 본 미주부가 걱정스러운 표정을 지었다.

"얘들아, 주식에 투자할 때 상품만 보고 결정하면 안 돼. 그걸 만드는 회사에 대해서도 잘 알아보고 결정해야 해!"

"테디는 정말 많은 친구들이 좋아하는 인형인걸요. 저도 테디를 좋아하고요. 그런데 테디를 만드는 회사가 어떤 곳인지도 알아야 하나요?"

태호가 이해할 수 없다는 표정으로 어깨를 으쓱했다.

"물론이지. 테디를 만드는 회사가 앞으로 돈을 더 많이 벌어야 그 회사의 주식을 사는 사람도 돈을 벌 수 있단다. 그러니 그 회사가 어떤 곳인지, 나의 투자가 성공할 수 있을지 잘 알아봐야지."

"미주부 아저씨 말이 맞아, 태호야. 우리가 너무 장난감에만 빠져서 회사가 어떤 곳인지 생각해 보지 못했어. 아무리 튼튼 블록과 테디 인형이 좋아도 회사가 사라지면 어떡해. 두 장난감 모두 좋은 점은 충분히 확인했으니 회사도 알아보는 게 좋겠어."

"그런데 두 회사가 앞으로 더 잘 될지를 어떻게 알 수 있어요? 이건 장난감을 비교하는 것보다 훨씬 어

려운걸요."

또다시 난관에 부딪힌 태호가 울상을 지었다. 미주부가 걱정하지 말라며 태호의 어깨를 토닥였다.

"아저씨가 알려 줄게. 우리 함께 튼튼 블록 회사와 테디 인형 회사를 비교해 볼까?"

"네, 좋아요!"

"주식에 투자하려면 상품을 만드는 회사도 꼼꼼하게 살펴봐야 해. 먼저 튼튼 블록을 만드는 회사를 알아보자."

아린이가 번쩍 손을 들었다.

"튼튼 블록 회사는 제가 소개해 볼게요."

"그래, 좋아. 아린이가 설명해 주겠니?"

"튼튼 블록을 만든 회사의 이름은 '펀펀 컴퍼니'입니다. 인터넷에서 검색해 보니 '펀펀 컴퍼니'는 게임을 만드는 회사예요. 컴퓨터나 스마트폰으로 할 수 있는 게임을 많이 만들었어요."

미주부가 놀란 표정으로 말했다.

"우와, 게임을 만드는 회사인 줄은 몰랐네. 그런데 이렇게 훌륭한 장난감을 만들다니. 놀라운걸."

"네, 회사가 2010년에 생겼으니 벌써 11년이나 되었어요. '펀펀 컴퍼니'에서 만든 게임은 다양한 블록을 쌓고 부수면서 재미있고 멋있는 작품을 만드는 거예요."

"그렇구나. 그렇다면 아린아. '펀펀 컴퍼니'는 지금 주식을 팔고 있니?"

"그럼요. '펀펀 컴퍼니'가 처음 주식을 판매한 가격은 만 원이에요. 그런데 지금은…… 우와, 10만 원이네요. 주식의 가격이 정말 많이 올랐어요!"

아린이의 커다란 눈이 더욱더 커졌다. 왕눈이가 된 아린이를 보며 태호가 웃었다.

"아린이가 '펀펀 컴퍼니'를 자세하게 소개해 주었구나. 그럼 이제 테디 인형을 만드는 회사도 살펴볼까?"

태호가 목을 가다듬으며 회사 소개를 준비했다.

"이번에는 테디 인형을 만드는 회사를 소개할 차례예요. 저도 아린이처럼 인터넷으로 검색을 해봤어요. 이 인형은 '별별 회사'라는 곳에서 만들었어요. '별별 회사'는 우리 같은 어린이들이 입는 옷을 만드는 회사예요. 얼마 전에 엄마랑 백화점에 갔어요. 그때 특별한 날에 입으라며 엄마가 멋진 옷을 사줬는데, 그게 '별별 회사'에서 만든 옷이었어요."

"여기도 원래는 옷을 만드는 회사인데 인형을 참 잘 만들었구나!"

"네, 이 회사가 처음 생긴 건 1990년이네요. 벌써 30년이 넘었으니 진짜 오래된 회사네요!"

"태호야, '별별 회사'는 주식을 팔고 있니?"

"네, 팔고 있어요. '별별 회사'의 주식을 처음 판매했을 때는 5만 원이었대요. 그런데 지금은 무려 20만 원이나 해요. 주식의 가격이 정말 많이 올랐어요!"

태호와 아린이의 설명을 들은 미주부는 만족한 표정을 지었다.

"얘들아, 그럼 이제 두 회사를 비교하는 표를 만들어 볼까?"

	펀펀 컴퍼니(튼튼 블록)	**별별 회사**(테디 인형)
업종	게임 회사	아동복 회사
설립연도	2010년	1990년
회사에서 하는 일	온라인에서 다양한 블록을 쌓고 부수며 작품을 만드는 게임을 만듦	아동복을 만들어 백화점에서 비싼 가격에 판매하고 있음
주식 발행 가격	1만 원	5만 원
현재 주식 가격	10만 원	20만 원
발행 주식 수	1,000주	500주
시가 총액	1억 원	1억 원

"자, 지금까지 튼튼 블록과 테디 인형에 대해 알아봤어. 그리고 '펀펀 컴퍼니'와 '별별 회사'의 정보도 알아봤지. 두 회사에 대해 공부하기 전에 태호는 '별별 회사'에 투자할 거라고 했고, 아린이는 아직 결정하지 못했다고 했어. 어때, 그 생각이 변하지 않고 그대로니?"

아린이가 확신에 찬 표정으로 말했다.

"저는 생각이 바뀌었어요. 튼튼 블록을 만드는 '펀펀 컴퍼니'에 투자하고 싶어졌어요. 회사를 알기 전까지는 어느 쪽에 투자해야 할지 결정하지 못했는데 이제는 확신이 생겼어요. 온라인 게임은 스마트폰이나 컴퓨터로 할 수 있으니 '펀펀 컴퍼니'를 이용하는 손님이 더 다양할 것 같아요. 그러니 '별별 회사'보다 돈을 더 잘 벌지 않을까요?"

그에 반해 태호는 어딘지 불편한 모양이다.

"저는 아직 결정하지 못하겠어요. 테디 인형을 좋아하긴 하지만 '별별 회사'에서 파는 옷은 비싸거든요. 그래서 친구들이 로고는 잘 알고 있지만 실제로 입고 있는 걸 본 적이 별로 없어요. 그리고 주식 가격도 비싸서 부담돼요. 좀 더 많은 주식을 살 수 있는 '펀펀 컴퍼니' 주식에 투자해 볼까요?"

"애들아, 지금 당장 정하지 않아도 돼. 회사가 잘 된다는 건 당장 내일, 아니면 일주일 만에 결정되는 게 아니야. 그러니까 너희들이 확실하게 판단할 수 있을 때까지 천천히 회사를 살펴보고 더 많은 정보를 찾아봐야 해."

미주부의 이야기를 들은 아린이와 태호가 고개를 끄덕였다.

시가 총액이란 무엇인가요?

태호와 아린이가 정말 열심히 '펀펀 컴퍼니'와 '별별 회사'를 소개해 주었어요.

그런데 여러분, 앞에서 정리한 두 회사를 비교하는 표에서 모르는 단어를 보지 않았나요? 네, 맞아요.

바로 '시가 총액'이라는 말이랍니다. 과연 시가 총액이란 무엇일까요?

우리가 편의점이나 마트, 문방구에서 물건을 살 때 모든 물건에는 정해진 가격이 있어요. 초코 우유는 1,000원, 지우개는 500원, 삼각김밥은 1,200원이라는 가격표가 붙어 있죠. 회사도 마찬가지랍니다. 회사도 정해진 가격이 있어요. 회사의 가격이 얼마인지 알고 싶다면 주식의 가격을 먼저 알아야 합니다. 여기에 회사가 발행한 전체 주식의 수를 곱하면 회사의 가격이 된답니다.

앞에서 이야기한 튼튼 블록과 테디 인형을 만드는 두 회사의 가격을 계산해 볼까요?

먼저 튼튼 블록을 만드는 '펀펀 컴퍼니'의 주식의 가격은 1주당 10만 원입니다. 발행한 주식의 수는 모두 1,000주입니다.

Fun Fun

10만 원 × 1,000주 = 1억 원

'펀펀 컴퍼니'는 1억 원짜리 회사예요.

이번에는 테디 인형을 만드는 '별별 회사'의 가격을 알아볼게요. 주식의 가격은 1주당 20만원이고, 발행한 주식의 수는 500주네요.

20만 원 × 500주 = 1억 원

'별별 회사'의 주식 가격은 '펀펀 컴퍼니'의 두 배이지만 발행 주식의 수가 절반밖에 되지 않아, 두 회사의 가격은 모두 1억 원으로 같습

니다.

　이렇게 주식의 가격이 더 비싸다고 해서 그 회사의 전체 가격도 더 비싼 것은 아닙니다. 주식의 가격과 발행한 주식의 수에 따라 회사의 가격은 얼마든지 차이가 날 수 있습니다.

　그리고 주식 시장에서는 우리가 계산한 회사의 가격을 다른 말로 '시가 총액'이라고 합니다. 시가 총액은 주식의 가격이 달라지거나 회사가 발행하는 주식의 수에 변화가 생길 때마다 함께 변한답니다. 시가 총액이 크다는 것은 그만큼 회사의 규모도 크다는 뜻입니다.

통장을 만들어요!

"아린아, 태호야. 이제 주식이 무엇인지, 어떻게 투자해야 하는지 알겠니?"

"네, 아저씨. 처음에는 회사의 주인이 될 수 있다고 해서 대체 무슨 말을 하는 건지 이해가 되지 않았어요. 그런데 '행복이 빵빵'을 만든 주현이 이야기를 듣고 조금씩 알게 된 것 같아요."

태호의 말에 이어 아린이도 이야기를 꺼냈다.

"저는 직접 튼튼 블록과 테디 인형을 비교해 보고,

그것들을 만든 회사에 대해서도 공부하고 나니 정말 투자자가 된 기분이에요. 주식을 사는 게 어떻게 돈을 버는 방법인지 몰랐는데 이제는 확실하게 알 것 같아요. 중요한 내용을 재미있게 가르쳐 주셔서 감사합니다."

"너희들이 금방 이해해 줘서 아저씨도 뿌듯하단다. 이제 주식에 대해 배웠으니 이제 은행에 갈 차례야. 태호는 은행에 가 본 적 있니?"

"네! 엄마랑 우리 집 앞에 있는 은행에 가봤어요. 여름에 가면 엄청 시원해요!"

"태호야, 은행이 더위를 식히러 가는 곳인 줄 아니? 은행은 음…… 돈이 엄청 많은 곳이야."

"아린이 말이 맞아. 은행은 돈이 많은 곳이지. 그런데 왜 은행은 돈이 많은 걸까?"

아린이가 뽐내듯 말했다.

"사람들이 돈을 맡기기도 하고, 빌리기도 하니까요."

"우와, 우리 아린이는 아는 게 많구나. 맞아. 그런데 사람들이 은행에 돈을 맡기거나 은행에서 돈을 빌리려면 꼭 있어야 하는 게 뭔지 아니? 바로 통장이야. 너희들 통장이 뭔지 아니?"

"네, 저 그거 본 적 있어요. 은행에 갈 때 보여줘야 돈을 찾을 수 있는 표 같은 거 아닌가요?"

"태호 말처럼 은행에 갈 때 보여주기는 하지만 표는 아니야. 통장은 사람들이 은행에서 돈을 넣거나 뺄 때 그 내용을 일기처럼 글자와 숫자로 남기는 공책 같은 거란다."

미주부의 말에 아린이와 태호가 고개를 끄덕였다. 그 모습을 보며 미주부가 말을 이어갔다.

"그리고 이번에 우리가 배운 주식 투자를 할 때도

꼭 필요하지."

"주식 투자요?"

"그래, 주식을 사고팔 때도 통장이 있어야 해. 아린이와 태호는 통장을 가지고 있니?"

아린이가 자신 있게 말했다.

"헤헤, 저는 여섯 살 때 부모님이랑 은행에서 만든 통장이 있어요."

그 말을 들은 태호가 머리를 긁적였다.

"나는 통장이 없어. 그럼 주식을 못 하는 거야?"

"걱정하지 마, 태호야. 아린아, 우리 태호가 통장 만드는 걸 도와주자!"

"좋아요. 태호야, 우리가 도와줄게."

"우와! 정말 고마워. 나도 통장이 생기는 거야? 신난다!"

미주부가 두 사람 앞에 종이를 펼치고는 무언가를

적었다.

"통장을 만들려면 필요한 준비물이 있지. 함께 챙겨볼까."

- **부모님 신분증**
- **가족관계증명서**
- **내 기본 증명서**
- **내 도장**

미주부가 적은 준비물 목록을 본 태호가 물었다.

"그런데 이것들은 왜 필요한 거예요?"

"다 이유가 있지. 부모님 신분증과 가족관계증명서

는 너와 너희 부모님이 가족이 맞는지 확인하는 데 사용해. 이 두 가지는 어른들에게 준비해 달라고 부탁하면 된단다. 그리고 부모님과 너희 도장도 챙겨야 해. 어른들은 도장 대신 사인을 남기기도 하지. 사인은 다른 사람과 나를 구분해 주는 그림이라고 할 수 있어. 도장을 찍는 대신 사인할 때는 나만의 특징이 잘 보이도록 내 이름을 또박또박 표시하는 것을 추천해."

통장을 만드는 데 필요한 것들을 쉴 틈도 없이 설명하는 아린이의 모습에 미주부와 태호 모두 엄지를 치켜세웠다.

"아린아, 너는 정말 아는 게 많구나!"

"이 정도는 기본이지. 다 준비했으니 우리 이제 통장 만들러 은행으로 가 볼까?"

의자에서 일어선 아린이가 서류 봉투를 들고 앞장

섰다. 태호가 아린이의 뒤를 따르며 '출발'을 외쳤다. 깜짝 놀란 미주부가 아이들을 향해 소리쳤다.

"얘들아, 잠깐. 멈춰! 통장을 만들 때 필요한 가장 중요한 게 빠졌다고! 너희와 같은 14세 **미만** 어린이는 반드시 보호자와 함께 은행에 가야 해. 또 통장을 만들 때는 반드시 돈도 필요하다고. 보호자와 돈, 이 두 가지도 은행에 갈 때 꼭 챙기는 거 잊지 마!"

● 기준이 되는 어떤 수는 포함하지 않으면서 그 수보다 작은 수를 말해요.
14세 미만이면 1세~13세, 18세 미만은 17세 까지겠죠?

14세 미만 어린이는 (1~13세까지) **반드시 보호자와 함께 은행에 가야 해**

통장은 몇 개나 필요할까요?

주식 투자를 하기 위해 태호가 통장을 만들었어요. 여러분도 통장을 가지고 있나요? 앞에서 이야기한 서류를 준비해 은행에 가면 통장을 만들 수 있어요. 그다음에는 주식계좌를 개설해야 한답니다. 이때는 어떤 증권회사에서 주식을 사고팔 것인지 선택해야 해요. 우리나라에는 주식을 거래할 수 있는 증권사가 여러 개 있답니다. 부모님의 추천을 받아도 좋고, 여러분이 직접 선택해도 좋습니다. 이제 여러분은 주식 투자를 할 수 있는 모든 조건을 갖췄습니다.

그런데 통장은 하나만 있으면 될까요? 아마도 여러분의 부모님은 여러 개의 통장을 가지고 있을 겁니다. 그 이유는 통장마다 쓰임새가 다르기 때문이죠. 어떤 통장은 여러분처럼 주식 투자를 하기 위한 것이고, 또 다른 것은 전기세나 수도세 같은 세금을 내기 위한 통장으로 사용합니다. 그 외에도 저축용, 꼭 사고 싶은 물건이나 여행 경비를 모으는 통장, 월급이 들어오는 통장 등 돈을 여러 개로 쪼개어 관리한답니다. 그래야 돈을 계획적으로 사용할 수 있어요.

은행에 갈 일이 생긴다면 그곳에 있는 사람들의 통

장을 유심히 살펴보세요. 저마다 다른 모양의 통장을 가지고 있는 것을 볼 수 있어요. 왜 여러분의 통장과 다른 사람의 통장이 다를까요?

　사람마다 가지고 있는 돈이나 저축 목표가 다르기

때문입니다. 그리고 은행은 돈을 저축하기만 하는 곳이 아니라 빌려주는 곳이기도 하죠. 저마다 자기 계획에 맞는 통장을 만들었기 때문에 통장의 모양이 다르답니다.

앞에서 미주부 아저씨가 주식 투자는 꼭 필요한 돈을 빼두고 남는 돈으로 해야 한다고 말한 것을 기억하나요? 주식을 살 여윳돈을 확인하려면 통장 관리는 필수랍니다. 꼭 써야 하는 돈이 있다면 그에 맞는 통장을 만들어 관리를 시작해 보아요.

통장 관리하기

여러분은 몇 개의 통장을 가지고 있나요?

주식 투자를 위한 여윳돈을 정리하기 위해 지금 여러분이 가지고 있는 통장을 정리해 보아요. 또는 앞으로 만들 예정인 통장 목록을 정리하는 것도 좋아요.

통장 종류	목적	목표
통장 1	용돈 관리	매월 5만 원 입금
통장 2	장난감을 위한 저축	용돈에서 매월 5천 원 저축
통장 3	엄마 생일 선물을 사기 위한 저축	용돈에서 매월 3천 원 저축
통장 4	주식 투자	남은 여윳돈 투자

통장 종류	목적	목표
통장 1		
통장 2		
통장 3		
통장 4		

11 예비 주주가 되었어요!

　태호와 아린이가 은행으로 간 지 한 시간이 지난 시간.

　"나도 드디어 통장이 생겼어. 이제 주식 투자를 할 수 있어!"

　통장을 손에 든 태호가 좋아서 펄쩍 뛰었다.

　"축하해, 태호야."

　아린이는 자기 일처럼 기뻐했다.

　"너희들 정말 멋지다. 드디어 주주가 될 모든 준비

를 끝냈구나! 그럼 지금부터 진짜로 주식 투자를 시작해 볼까?"

"네, 좋아요!"

오늘은 미주부 아저씨, 태호, 아린이와 함께 주식에 대해 배웠다. 또 은행에서 통장을 만드는 방법까지 알아보았다. 미주부 아저씨는 예비 주주들이 꼭 기억해야 할 것들을 말했다.

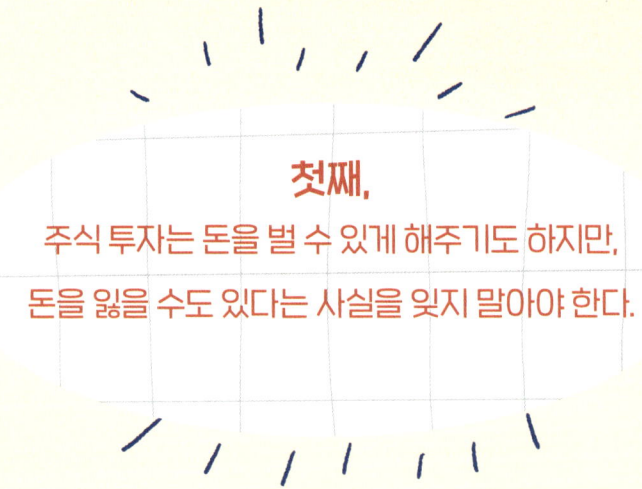

첫째,
주식 투자는 돈을 벌 수 있게 해주기도 하지만,
돈을 잃을 수도 있다는 사실을 잊지 말아야 한다.

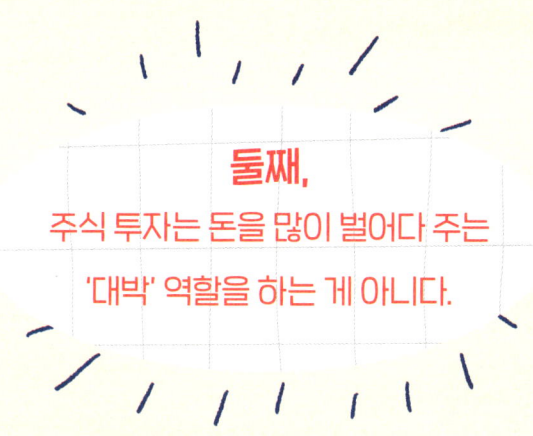

둘째,
주식 투자는 돈을 많이 벌어다 주는
'대박' 역할을 하는 게 아니다.

    회사의 주식을 사서 주주가 된다는 것은 회사가 잘 성장할 수 있도록 도와주는 것이며, 그렇게 해서 회사가 잘 운영되면 우리 사회와 경제가 건강하게 돌아갈 수 있다. 이렇게 주식은 사회에 도움을 주는 역할을 해야 한다는 것을 기억할 것.

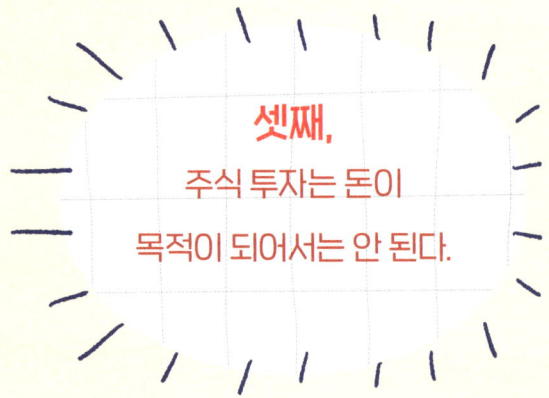

**셋째,
주식 투자는 돈이
목적이 되어서는 안 된다.**

왜 돈을 벌고 싶은지, 우리에게 돈이 필요한 이유는 무엇인지를 먼저 생각해야 한다. 단순히 '나는 돈을 많이 벌 거야!'라고만 생각하면 주식 투자로 돈을 벌 수 없다. 올바른 목적을 가지고 돈이 따라오게 만드는 것이 중요하다.

미주부의 조언을 들은 태호가 말했다.
"음…… 그럼 나는 세계에 우리나라의 김치를 더 많이 알릴 수 있도록 응원하는 마음으로 '밥도둑 김치' 회사의 주식을 사는 건 어떨지 고민해 봐야지!"

미주부가 태호의 말에 고개를 끄덕이며 맞장구쳤다.

"그렇지! 여러 김치 회사 중에서도 '밥도둑 김치'는 성장 가능성이 높은 편이니 그 회사의 주식을 사는 건 좋은 선택일 수 있지."

"이야, 태호 이제 주식 전문가 같은데! 좀 멋지다."

아린의 칭찬에 태호가 어깨를 으쓱였다.

"왜이래, 나 원래 잘했다고!"

"아린이와 태호 모두 훌륭한 예비 주주가 되었구나. 이제 정말 주식 투자를 시작해도 되겠어! 어때? 준비됐지? 자, 우리 모두 함께 출발!"

어른을 위한 미주부 강의도 있어요!

미주부와 함께 부자가 되고 싶다면?

좀 더 깊이 있는 주식 투자 공부하기

초보자를 위한 적정 주가 계산법

《미주부와 함께 주식으로 이해하는 어린이 경제》의
동영상 강의가 궁금하다면?

클래시이키즈와 함께!

미주부와 함께
주식으로 이해하는 어린이 경제

초판 1쇄 발행 2021년 8월 17일
초판 5쇄 발행 2024년 11월 10일

지은이 김훈 / 클래스101키즈
펴낸이 안병현 김상훈
본부장 이승은　**총괄** 박동욱　**편집장** 임세미
책임편집 정혜림　**마케팅** 신대섭 배태욱 김수연 김하은　**제작** 조화연

펴낸곳 주식회사 교보문고
등록 제406-2008-000090호(2008년 12월 5일)
주소 경기도 파주시 문발로 249
전화 대표전화 1544-1900　주문 02)3156-3665　팩스 0502)987-5725

ISBN 979-11-5909-873-4 (73320)
책값은 표지에 있습니다.

• 이 책의 내용에 대한 재사용은 저작권자와 교보문고의 서면 동의를 받아야만 가능합니다.
• 잘못된 책은 구입하신 곳에서 바꾸어 드립니다.